감사의 글

어려운 시장입니다. 어려운 시장일수록 자기만의 단단한 원칙이 중요합니다. 이 책을 통해 당신의 인생을 바꿀 위대한 아이디어 하나라도 얻어 가신다면 저자로서 그보다 큰 행복이 없습니다.

오랫동안 심사숙고하며 쓴 글이기에, 이 책을 읽는다면 저의 오랜 공부와 노력을 통째로 가져가실 수 있습니다. 이 책을 통해 당신의 투자 앞날에 꽃길만 펼쳐지길 기원합니다.

아울러 더 나은 책을 만들기 위해 끝까지 애써준 트러스트북스 출판사 여러분께 감사드리며, 특별히 사랑하는 가족인 아내 류수미, 딸 김영서, 아들 김윤찬에게도 감사의 말을 보냅니다. 가족의 후원과 지지가 없었더라면 이 책은 세상에 나오지 못했을 것입니다.

제이디부자연구소 소장, 조던(김장섭)

반복되는 상승과 하락 사이에서
지속적으로 기회 잡는 법

일러두기

2024년 3월 현재 세계 1등은 마이크로소프트다. 하지만 이 책을 집필했던 기간, 그리고 이 책에서 다루는 대부분의 기간 동안 세계 1등은 애플이었다. 따라서 예시 지표로 애플을 사용했음을 알린다. 종목만 달라졌을 뿐, 투자방식은 동일하다.

인생반전 및 자동부자편(전2권)

반복되는 상승과 하락 사이에서

지속적으로
기회 잡는 법

2권

조던 김장섭 지음

트러스트북스

1 변곡점이 오고 있다.
변곡점은 일생일대의 기회다.
부동산 투자법

2 마음 편히 투자하며 자동으로 부자 되는 법

1부

변곡점이 오고 있다.
변곡점은 일생일대의 기회다.

부동산 투자법

01장 ≡ 위기에서 승자는 아무것도 가지고 있지 않는 자다

"코로나 때 돈 번 사람들은 동학개미지 개미가 아니다."

이게 무슨 뚱딴지 같은 말인가 하면, 기존에 주식을 했던 개미들은 코로나 때 어퍼컷을 맞고 주식시장의 무덤에 묻혀버렸다. 당시 300억대 슈퍼개미가 레버리지를 썼다가 무일푼이 되었다.

부동산으로 돈 번 사람들도 2016년 이후 부동산을 산 투자자들이지 2008년 금융위기 이전 투자자들이 아니다. 2008년 이전 투자자는 이미 2008년 위기 이후 경매로 부동산이 처분되고 말았다.

부동산을 하면서 가장 크게 좌절한 때는 위기가 와도 모든 것을 나 스스로 컨트롤 할 수 없다는 사실을 깨달았을 때였다. 위기를 직감했지만 위기에 팔 수 없으니 아무것도 할 수 없었다. 2008년부터 2012년 위기 당시에 부동산 투자를 하면서 처음으로 무력감을 맛보았다.

승자가 되려면 위기가 오기 전 비우라

위기에서 승자는 가지고 있지 않는 자다. 빈손으로 위기를 맞아야만 부자 될 기회가 열린다. 오로지 현금으로 둘러싸여 있어야 빠른 속도로 큰 부자가 될 수 있다.

반면 부동산, 주식을 가지고 위기를 맞으면 그건 기회가 아니라 말 그대로 위기다. 온몸으로 위기와 맞서야 한다. 떨어지는 칼날에 상처가 나고, 내동댕이쳐져 온몸이 멍투성이로 변한다. 투자금액의 크기와 중요도에 따라 인생의 방향이 달라질 수도 있다.

위기 전에 팔아 현금이 있어야 저가에 잡든 대처를 하든 할 것이 아닌가? 주식과 부동산으로 채워져 있으면 몸이 무거워 아무 것도 대처할 수 없다. 그냥 그대로 쏟아지는 비를 다 맞는 수밖에 없다.

그런 면에서 주식이 부동산보다 좋다. 주식은 팔 수라도 있다. 위기가 왔는데도 팔지 않고 버티면 그만큼 밤잠을 설치며 하얀 밤을 홀로 보내야 한다. 위기일수록 큰 기회다. 그리고 기회를 알고도 그저 바라만 봐야 한다면 가슴은 더욱 아프다.

위기는 바겐세일 기간이다. 이유는 없다. 이전보다 주식과 부동산이 싸다. 현금을 들고 있다면 우걱우걱 사들이면 된다. 위기가 왔을 때 해외주식에 투자하고 있고 매뉴얼에 따라 매매를 했다면 많은 이들이 갖기를 꿈꾸는 강남 부동산을 살 기회가 온다(10장 큰돈 안 들이고 강남 아파트 사는 법 참조).

내가 2012년 부동산 위기를 어떻게 넘겼는지 아는가? 느낌이 이상해서 서울, 수도권의 재개발 빌라 등 부동산을 모두 팔고 지방에 안 오른 아파트를 샀다. 당시 서울, 수도권에 부동산 들고 있었던 투자자들은 모두 망했다. 당시 나는 동물적인 직감으로 위기를 겨우 넘겼다.

2018년 10월에는 연준의 금리인상 위기를 맞았다. 주식을 하나도 팔지 않고 있을 때 위기가 왔다. 그때는 위기를 직감하지 못해서 수억 원이 단숨에 날아갔다.

부동산 위기는 직감으로 넘겼지만 주식은 그대로 당하고 말았다. 그러나 주식은 부동산과 다른 점이 있었다. 모든 것이 숫자로 기록된다. 그래서 숫자를 이용해 지키는 법을 개발했다. 그것이 기존 -3%룰이다.

그리고 2020년 코로나가 터졌고, 이때는 자산을 지킬 수 있었다. 직감이 아닌 숫자의 힘으로 말이다. 이번 위기를 이렇게 넘겼으니 위기가 올 때마다 대처가 가능하겠다는 확신이 들었다. 그래도 문제는 있었다. 재산을 지킬 수는 있었지만 기회로 만드는 데는 한계가 있었다. 그래서 만든 것이 리밸런싱과 말뚝박기다.

2022년 연초부터 시작된 연준의 긴축으로 나스닥이 큰 조정을 받았다. 기존의 -3%룰과 말뚝박기로 위기를 기회로 만들었다. 이후

2023년 연초부터 시작된 랠리로 기회가 주는 달콤함을 빠짐없이 섭취할 수 있었다.

매뉴얼은 앞으로도 업그레이드 될 수 있다. 처음부터 완벽한 매뉴얼은 없다.

⭐ 결론

누구나 매뉴얼은 알지만 행하지 않는다. 그러다 위기를 한번 당해봐야 진짜 매뉴얼의 위대함을 안다. 그래서 오늘도 매뉴얼을 주문처럼 읊조린다.

02장
부동산으로
돈 버는 두 가지 방법

우리의 꿈은 진정한 부자, '찐부자'가 되는 것이다. 여기서 말하는 부자란 현금성 자산 10억 이상 보유자를 의미한다. 요즘 아파트 가격이 수십 억을 넘어가니 10억이 작아보일지 몰라도 사실은 그렇지 않다. 현금성 자산 10억은 대단한 돈이다.

2021년 발표된 〈부자보고서〉를 보면 한국에서 금융자산 10억 이상 부자는 40만 명에 육박한다. 전체 인구에서 0.76%를 차지한다. 매년 KB금융그룹과 하나금융그룹에서 〈부자보고서〉를 내는데 그들이 부자로 정의하는 기준이 바로 현금성 자산 10억 이상이다.

당신의 생각보다 많은가? 적은가? 5억 갭투자 10채로 자산이 50억이라고 주장하는 집거지는 제외다. 전세와 대출 등 부채를 빼고 나면 현금성 자산은 3억도 채 되지 않는다. 솔직히 3억도 많다. 그이상의 현금이 있다면 또다시 갭투자를 하면서 부동산을 늘리기 때문이다. 당연히 현금성 자산은 제로에 수렴한다. 그래서 이들은 다주택자지 부자는 아니다. KB금융그룹과 하나금융그룹이 부자를 현금성자산 10억 이상으로 정의한 이유도 바로 여기에 있다.

부동산 관련 온라인카페에 가보라. 부동산 부자들이 지천이다. 심지어 100채 이상도 볼 수 있다. 하지만 이들을 부자로 정의할 수는 없다. 이들의 투자방식은 무피투자인데, 예를 들어 1억짜리 주택을 사면서 전세 8000만 원을 넣고, 전세가 1억 이상으로 오르면 실제 내 돈은 한푼도 들어가지 않게 되므로 이를 두고 무피투자라고 한다.

이처럼 전세금이 올라가면 남은 전세금으로 또다시 갭투자를 해서 주택을 늘린다. 일단 주택 수가 50채, 100채로 늘어난다. 호황기에는 문제가 없다. 문제는 불황기에 터진다.

주택이 많을수록 자산이 커 보인다. 하지만 속을 들여다보면 현금은 바닥이다. 집을 팔아 현금을 손에 쥐어야 부자지, 팔지 않으면 장부상 숫자일 뿐이다. '팔면 되지 뭐가 문제인가'라고 생각할 수 있다. 하지만 팔 수 없기 때문에 문제다. 부동산 상승기에는 양도세가 중과된다. 문재인 정부 시절 1가구 2주택자는 75%, 1가구 3주택자는 82.5%가 양도세였다. 양도세가 이처럼 무거운데 어떻게 파는가? 10억이 올라도 팔기 힘들다. 양도세 중과가 없어져야만 팔 수 있다.

양도세 중과가 없어지는 때는 언제인가? 부동산 하락기다. 부동산이 걷잡을 수 없이 떨어져 위기상황이 닥치면, 양도세 중과도 폐지된다. 집값은 이미 팔기 어려울 만큼 하락한 상태다. 결국 부동산이 올랐을 때는 양도세 중과 때문에 못 팔고, 양도세 중과가 폐지되어 팔 만하면 부동산이 떨어져 팔 기회가 없는 것이다.

시기적으로 잘 맞아 양도세 중과가 없어지고 팔 기회가 생겼다고 가정해 보자. 이때는 매도자와 매수자의 호가 차이 때문에 팔리지 않는다. 윤석열 정부가 들어서면서 양도세 중과를 1년 한시 유예하자 다주택자 매물이 쏟아져 나왔다. 서울 외곽과 경기도, 지방 등에 아파트가 나오는데 몇 억씩 떨어진다는 기사가 주를 이룬다.

완연한 매수자 우위 시장이다. 공급이 많고 금리가 오르기 때문이다. 불황기에는 금리가 올라 매수자가 매수를 꺼린다. 주택담보대출이 크게 올라 매수자는 꼭대기까지 오른 주택을 선뜻 매수하기가 겁난다. 그러니 양도세 중과가 없어지면 부동산 하락기가 시작되는 것이고 그로 인해 매도가 되지 않는다.

물론 급매로 팔 수는 있다. 그러나 몇 채 팔고 나면 세금 때문에 더 이상 팔 수 없다. 해외주식과 달리 양도세는 한 해에 파는 양도차익이 커지면 지속적으로 누적되기 때문이다.

해외주식은 22%로 분리과세이며 단일 과세이다. 그러나 양도세는 비율로 과세를 매긴다. 양도차익이 1,200만 원이면 6%이나 8,800만 원을 넘어가면 35%나 된다. 물론 누진공제가 있기는 하지만 그래도 30%가 넘는다.

양도차익이 1억을 넘기는 순간 더 이상 팔 수 없다. 양도차익은 다음 해로 넘긴다. 그런데 다음 해는 더 어렵다. 양도세 중과를 없앴다는 뜻은 부동산 하락기가 시작되었다는 의미이고, 해가 넘어가면 더 팔기 어려워진다는 얘기이기 때문이다.

오히려 다음 해에는 양도세가 문제가 아니고 아파트 KB시세가 떨어져 원리금 상환과 역전세가 더 문제다. 올해 몇 채 팔아서 돈을 벌었어도 번 게 아니다. 다음 해에는 원리금 상환으로 메워야 할 것이 더 많아진다. 그러니 해가 지날수록 더 어려워지는 것이다.

우리나라 부동산은 2008년까지 올랐고, 2009년부터는 쭉 하락세를 유지하다 2012년에 바닥을 찍었고, 2016년이 되어서야 겨우 본전 수준으로 회복되었다. 이를 미래로 복사해 보면, 2021년까지 부동산이 올랐고, 2022년부터 떨어지다가 2024년에 바닥을 찍게 된다. 그러니 2022년보다 2023년이 더 어렵고, 2023년보다 2024년이 더 어려운 상황이 될 수 있다. 세금과 경기가 동시에 나빠진다는 얘기다.

다주택자는 부동산이 바닥을 찍을 때 여러 채의 집을 가지고 있다가 불황기에 원리금 상환과 역전세난을 맞으며 경매로 모든 부동산을 날리면서 부자는커녕 신용불량자 위기에 처할 수도 있다.

2016년에 있었던 사례다. 경매부터 안 해본 것이 없는 주부가 있었다. 당시 부동산 경력이 무려 15년이었다. 산전수전, 공중전, 육박

전까지 경험한 백전노장이었지만 긴 한숨을 내뱉으며 한탄했다. "지난 15년 동안 강의란 강의는 다 듣고, 열심히 책도 읽고, 실전투자는 지방부터 상가, 아파트형 공장, 경매, 특수물건 등 안 해본 것이 없는데 얼마 전 만난 친구는 남편 잘 만나서 강남에 살고 있더군요."

그 친구는 부동산과는 담을 쌓고 집안일에만 충실한 가정주부라고 했다. 자신은 15년 간 공부하며 누구보다 열심히 살았고, 그 친구는 강남에 아파트 한 채 사서 보유했을 뿐인데, 자신보다 더 많은 돈을 벌었다는 것이다.

좌절감이 밀려왔다. 화가 치민 그녀는 모든 부동산을 정리한 후 자신과 딸 명의로 빚까지 끌어모아 강남에 아파트 두 채를 샀다고 한다. 그리고 10년이 지났다. 2016년 이후 강남 아파트 시세가 어떻게 변했는가? 하늘을 뚫고 올라가버렸다.

부동산으로 돈 버는 방법은 두 가지다.

부동산 호황기

부동산 호황기에는 아파트를 사서 돈을 벌면 된다. 무주택자는 부동산 호황기가 올 때까지 기다린다. 호황기란 아파트값이 계속 오를 때다. 아파트값이 작년에 비해 올랐으니 비싸서 안 산다가 아니라,

비싸더라도 사서 갖고 있다가 더 비싸게 팔면 된다.

조건은 무조건 새 아파트를 사야 한다. 청약을 할 수도 있고 청약이 안 된다면 분양권을 사면 된다. 그리고 입주를 한다. 1가구 1주택자에 한해서다. 다주택자는 양도세 중과가 되기 전까지다.

새 아파트에 입주하고 아파트가 오르면 지켜본다. 입주 후 5년이 지나면 새 아파트가 가장 많이 오르는 시점에 진입한다. 이때 비과세 요건에 맞춰서 파는 것이다. 그리고 아직도 호황이라면 다시 새 아파트를 사고 비과세 요건을 채워서 팔면 된다.

물론 두 번째 살 때는 새 아파트 가격이 더 올랐을 것이지만 신경 쓸 필요 없다. 비싸게 사서 더 비싸게만 팔면 된다. 한 마디로 내가 산 가격보다 더 비싸게 사줄 바보만 찾으면 된다. 이런 호황기에 바보는 흔한 성씨만큼 찾기 쉽다.

물론 이때는 양도세 중과 때문에 시중에 다주택자의 매물이 나오지 않는다. 그래서 소수의 거래만 이어지면서 가격을 끌어올린다. 소수의 거래란 1가구 1주택 비과세 요건의 주택을 말한다. 이때는 매도자 우위시장이다. 따라서 비과세 요건의 주택이 아주 비싸게 팔리기 때문에 가격이 왜곡된다. 양도세 중과 기간에 비정상적으로 아파트 가격이 뛰는 이유가 여기에 있다.

그러나 이마저도 2채 이상 사고팔기는 어렵다. 부동산 호황기와 불황기는 10년을 주기로 반복된다. 2번째 주택까지 팔고 나면 불황기가 눈앞이다.

　불황기를 판단하는 근거는, 금리가 오르기 시작하고 양도세 중과세가 없어지면 그때를 불황기의 시작으로 보면 된다.

부동산 불황기

부동산 불황기가 오면 경매의 시절이 온다. 부동산 불황기에는 금리가 오르고 양도세 중과가 없으며 대출이 풀린다. 경매로는 매매가의 90%까지 대출이 나오므로 부동산을 사기 쉬운 때이다. 반면 파는 사람 입장에서는 매우 어려운 시기다.

　이때도 많은 집을 살 필요가 없다. 강남 같은 우량지역의 아파트를 노리면 된다. 불황기에 들어서면 30% 정도는 세일을 한다. 이때 경매로 90%까지 대출을 받아 월세를 놓는다. 대출이자와 월세를 얼추 맞춰 밸런스를 유지한다.

　이런 때에는 양도세 중과가 아니라 양도세 한시유예 혜택이 주어진다. 대출을 이렇게 많이 해주는 이유는 은행이 무너져서는 안 되기 때문이다. 부동산 불황기에는 호황기에 샀던 아파트가 경매로 나오면서 부실채권이 된다. 은행은 손실을 볼 수밖에 없다. 대손충당금을 쌓아야 하고 심지어 파산할 수도 있다. 정부는 은행 파산을 막으려고 대출규제를 풀어 놓는 것이다.

물론 경매보다 일반매매가 더 싸게 나올 수도 있다. 그러나 일반매매는 역전세난으로 전세가가 떨어져 잔금에 오히려 더 큰돈이 들어간다. 그러니 대출 레버리지를 쓸 수 있는 경매가 가격이 싼 일반매매보다 낫다.

예를 들어 경매는 90%까지 대출을 받을 수 있으니 10억짜리 아파트라면 9억까지 대출을 받고 월세보증금으로 1억을 받으면 이론상 내 돈이 들어가지 않는다. 그러나 시세보다 1억 싼 일반매매 9억짜리 아파트가 전세가가 떨어져 6억 정도밖에 안 된다면 나는 소유권이전등기까지 약 4억쯤은 갖고 있어야 한다. 그러니 불황기에는 더 비싸게 사더라도 대출을 쓸 수 있는 경매가 일반매매보다 낫다.

부동산 불황기에는 부동산이 팔리지 않는다. 그러니 팔릴 때까지 그리고 오를 때까지 기다려야 한다. 부동산 호황기가 오면 팔면 되는데 양도세 한시유예로 산 것이 아니라면 1주택자가 유리하다. 부동산 호황기가 오면 정부는 바로 양도세 중과를 매길 수밖에 없다. 따라서 다주택자는 세금 때문에 많이 올라도 팔 수 없다. 사실 다주택자의 물건은 싼 만큼 좋은 지역이 아니기에 잘 오르지도 않고 팔리지도 않는다.

그러나 1주택자는 많이 올라도 양도세 중과가 없으므로 가격이 많이 오를 때까지 기다릴 수 있다. 많이 오른 가격에 언제든지 팔 수도 있다. 호황기가 와도 양도세 중과 때문에 팔 수 없는 다주택자의 입장과 전혀 다르다. 때문에 1주택자는 강남과 같은 핵심 요지에 많이 오를 수 있는 아파트를 노리면 된다.

⭐ 결론

호황기에는 1주택자가 자가로 새 아파트를 사서, 5년 살고 비과세로 매도하면서 지속적으로 인기지역 새 아파트를 노린다.

불황기에는 경매로 인기지역의 아파트를 사서 보유하다가 호황기가 오면 매도하고 호황기 전략을 이어나간다.

다주택자는 호황기 때는 중과세 때문에 못 팔고 불황기 때는 아파트 시세가 떨어져 원리금 상환, 역전세난 때문에 한 번에 파산한다. 그러니 다주택자는 돈은 돈대로 못 벌고 부동산 부자는커녕 금리 올랐을 때 쪽박이나 안 차면 다행이다. 그런데도 돈 없는 서민은 불행히도 강남 같은 곳의 부동산 살 돈이 없다는 이유로 다주택자의 길을 따른다. 결국 다주택자로 부동산 사서 월세입자와 대출 때문에 고생은 고생대로 하고, 결국 그렇게 바라던 부자의 꿈도 이루지 못한다.

03장

부동산의 위기와 기회가 동시에 오고 있다

2024년 3월이 되어서도 미 연준은 기준금리 인하를 시작하지 않았다. 물론 머지않아 인하를 시작한다는 의견이 늘었지만 그렇다 하더라도 연준이 공식적으로 인하를 발표한 건 아니다. 오히려 연준은 물가가 잡히지 않자 당분간 고금리를 유지할 수도 있다는 스탠스다.

꺾이던 인플레이션이 다시 정체를 보이면서 연준이 언제부터 금리 인하를 시작할지 예단하기 어렵다. 인플레이션 하락이 지지부진하거나 오히려 다시 오르는 상황이라도 발생한다면 금리 상단은 누구도 예측하지 못했던 곳까지 오를 수도 있다.

정부의 압력으로 시중금리가 하락하고 있다고는 하지만 미국의 기준금리가 멈추지 않는 한 한국의 금리도 영향을 받을 수밖에 없다. 시중은행의 가산금리는 최소 3%가 붙는다. 그것도 우량한 대출에 한해서다. 금리 상단을 섣불리 예측해서는 낭패를 볼 수도 있다.

서울에 웬만한 아파트는 10억이 넘는다. 대출 10억에 이자가 6%라면 1년에 이자로만 6,000만 원이다. 견실한 기업에 다니는 직원의 연봉을 뛰어넘는다. 이 돈을 내고 버티는 가구는 드물 것이다. 여기에 원금까지 합하면 상황은 더욱 악화된다.

과거 아파트 가격이 지금처럼 높지 않을 때만 해도 기껏해야 3억~5억 정도의 대출을 받았지만 지금은 10억 원 대출을 받는 경우도 드물지 않다. 숫자에 대한 사람들의 감각이 많이 무뎌져 있음을 느끼고는 한다. 대출금 자체가 크다 보니 이자가 1%만 올라도 그 충격은 배가 된다.

윤석열 정부 들어 다주택자 양도세 1년 한시유예가 시행되었다. 그동안 다주택자는 2주택자 75%, 3주택자 82.5%의 세금을 때렸기 때문에 집을 팔 엄두조차 내지 못했다. 양도세 유예 이후 어떻게 되었는가? "이제는 비율과세로 돌아섰으니 너도 나도 지금이 기회"라면서 다주택자들이 아파트를 매물로 내놓았다.

그러면서 아파트 가격이 몇천은 기본이고 수 억씩 뚝뚝 떨어진다는 기사가 홍수를 이뤘다. 심지어 강남은 10억 이상 하락한 곳도 있었다. 말이 10억이지 직장인의 연봉과 1년 동안 모을 수 있는 돈의 크기, 앞서 언급한 한국 부자들의 자산 등을 고려해 봤을 때 10억은 정말 너무나도 큰 돈이다.

서울 외곽이나 수도권은 더 심각하다. 각종 호재나 GTX 기대감으로 올랐던 대표적인 폭등 지역이 "이게 실화냐?"라는 말이 나올 정도로 급격한 하락을 경험했다. 20~30% 혹은 반토막에 나온 매물도 심심찮게 등장하는 실정이었다. 지금도 최악인데, 만약 금리 인하가 계속해서 미뤄진다면 영끌해서 대출 받은 이들은 지옥을 경험하게 될 것이다.

부동산의 단점이 바로 이것이다. 주식은 던지면 팔리지만, 부동산은 대출이 기본이고 게다가 위험할 때 팔리지 않으니 만약 제때 빠져나오지 못하면 결국 경매로 날리는 수밖에 없다. 2012년 부동산이 바닥을 칠 때 실제 흔히 일어나던 현상이다. 요즘 경매 낙찰가율도 100% 아래로 떨어지고 있다.

위기였던 과거에서 배우라

왜 우리는 과거에서 교훈을 얻지 못하는 것일까? 부동산이 길게 보면 대세상승이라고 하지만, 시간과 시야를 조금 좁히면 사이클을 그리며 상승과 하락을 반복한다. 길게 봤으니 부동산 하락이 작게 보일 뿐이지, 실제 사이클의 하락 기간에는 많은 이들이 고통을 받는다. 당하는 고통은 그래프에 보이는 것만큼 결코 작지 않다. "결국 다시 오르니까 괜찮아"라고 치부할 수 있을 정도로, 버티며 넘기기에 괜찮은 기간이 아니다.

과거 실패를 통해 배우지 못하는 이유는, 대부분 과거를 잊었거나 새로 시작했기 때문이다. 주식도 2018년 10월만 경험해 봤어도 매뉴얼의 중요성을 알았을 것이다. 나스닥은 24% 하락했고 애플은 40%가 넘게 빠졌다. 그러나 동학개미는 2020년 3월에 시작했으니 주가가 빠지는 두려움을 모른다. 부동산도 2016년에 시작했으니 2012년 하우스푸어들이 어떻게 재산을 날렸는지 모른다. 10억 넘는 아파트를 최대한의 대출을 끼고 두려움 없이 산 사람들이 이해되지 않는가? 공포를 모르는 사람들에게는 가능한 일이다. 10억 대출을 받아 최소 몇억 이상 돈 벌 단꿈에만 젖어 있다보면 눈과 귀가 어두워져 버린다.

주식이나 부동산이나 헤지는 기본이다. 아무리 좋은 꿈도 땅에 발을 붙인 채 현실에 맞게 꿔야 한다. 생각과 다를 가능성, 악재를 만날 가능성을 항상 열어두어야 한다. 헤지를 하지 않으면 한순간에 무너진다. 부동산은 최악의 자산이다. 헤지가 안 되기 때문이다. 주식은 팔리기나 하고 설령 대출을 받았어도 마진콜 당해 자산이 0으로 끝이 난다. 빈털터리가 되기는 하지만 빚까지 지지는 않는다. 그러나 아파트 값이 한 4억 원 떨어지면 원금상환을 해야 하는데 월급쟁이가 4억이라는 큰 돈을 현찰로 들고 있을 수 있겠는가? 그러니 피 같은 내 아파트를 경매로 날리고 결국 신용불량자가 되는 것이다.

잘나가는 의사가 왜 신용불량자가 되는지 아는가? 조용히 동네에서 간호사 2명 두고 일주일에 한 번 쉬면서 매출 2000만 원 찍고 한 달에 1000만 원씩만 벌면 되는데 욕심을 부리기 때문이다.

강남에 건물 임대하고 번쩍번쩍한 인테리어를 하느라 수십 억 대출을 받아서 병원 차렸는데 망하면 수십 억 빚진 신용불량자가 된다. 페이닥터를 해도 1000만 원 이상 벌기는 쉽지 않다. 그러면 수십 억을 어떻게 갚는가? 버는 족족 이자 갚느라 허리가 휠 정도로 의사 노릇하며 은행의 노예로 살아야 한다. 그래서 빚이 무서운 것이다.

내가 부동산을 그만둔 이유도 갭투자의 무서움을 몸소 체험했기 때문이다. 2012년 당시 한때 40억 원까지 부동산 담보 대출이 있었다. 그런데 2012년이 지나면서 '아무리 열심히 공부하고 투자해도 불황 한 번 오면 부동산은 그냥 작살나는구나' 하고 느끼는 순간, 부동산 투자에 대한 회의감이 밀려왔다.

대출은 하나가 무너지면 연쇄적으로 무너지게 되어 있다. 하나가 무너지면 이자를 못 갚으니 바로 신용불량자가 된다. 그리고 앞으로 돌아오는 만기에 나머지 대출은 신용불량 때문에 전부 대출 연장 거부가 되기 때문에 모두 경매로 날아간다. 공든 탑이 순식간에 무너지고 만다.

따라서 '경매로 부동산 전부 날리고 내 재테크 인생이 모두 부정 당하는 종말이 오겠구나' 하는 생각이 들었고, 2016년까지 서울 2

호선 역세권 부동산 투자를 끝으로 더 이상 부동산엔 투자하지 않고 있다.

투자를 하는 모든 사람은 반드시 과거에서 교훈을 얻어야 한다. 닷컴버블, 2008년 금융위기, 2012년 신용대출 위기, 2018년 10월 이자율위기, 2020년 3월 코로나 위기, 2022년 인플레이션 위기 등, 우리가 얻어야 할 교훈을 주는 사건은 시시때때로 일어난다. 우리 생각보다 위기는 훨씬 더 빈번히 찾아오므로 여기서 자산 헤지의 중요성을 깨달아야 한다.

사람은 지나간 괴로운 일을 기억하고 싶지 않아 한다. 그것이 역설적으로 생존에 유리하기 때문이다. 산모는 고통을 잊는다. 고통스럽다 생각하면 다시는 임신을 안 할 것이고 그러면 인류의 생존은 끝장 날 것이기 때문이다. 그래서 대부분의 사람들은 지독히도 가난했던 과거도 미화하여 추억한다. 그래야 생존에 유리하기 때문이다. 우리의 뇌 구조가 그렇게 만들어졌으니 받아들여야 한다.

부동산 기회가 오고 있다

부동산 하락 소식을 접한 기억 때문에 '이걸로 끝인가' 하고 좌절하거나 관심을 끊을 수도 있겠으나, 그리고 위기가 계속되는 것도 맞으나, 동시에 기회도 오고 있다.

달러 자산에 투자했다면 환율이 오를 것이다. 반대로 국내 자산은 떨어질 것이다. 달러 자산이 30% 오르고 국내 자산이 30% 떨어지면 국내 부동산에 투자할 때 그만큼 유리한 입장이 될 수 있다. 싸게 사면서 환율 덕까지 보기 때문이다. 자세한 내용은 '10장 큰돈 안 들이고 강남 아파트 사는 법'을 참조하기 바란다.

⭐ 결론

투자는 과거를 잊으면 안 된다. 큰 자산은 헤지해야 하며 존버라는 말은 잊어도 좋다. 반드시 매뉴얼을 지켜야 한다. 다만 매뉴얼은 주식과 같은 환금성이 뛰어난 것만 가능하다. 지금 당장 오른다고 탐욕에 눈이 멀어 부동산 영끌했다가 공황이라도 닥치면 한순간에 빈털터리가 될 수 있다. 그리고 열심히 살아온 내 인생은 한순간에 부정당한다.

칠면조를 키우는 사람이 있다. 칠면조는 매번 모이를 주는 주인이 반갑다. 그렇게 1,000일 동안 계속되었다. 1,001일째가 되는 날, 역시 주인이 왔다. 칠면조의 눈은 기대로 반짝인다. 그러나 이 날 주인은 모이를 주지 않고 칠면조의 목을 쳤다. 이날은 칠면조의 제삿날, 추수감사절이었다.

부동산 투자가 그렇다. 오랜 기간 꾸준히 올라도 단 한 번의 폭락으로 꿈만 같던 가격이 와르르 무너진다. 그중 부동산 갭투자자는 추수감사절의 칠면조 신세가 될 수도 있다.

부동산 투자의 특징은, 돈이 없기 때문에 갭투자를 할 수밖에 없고, 강남 아파트는 한 채도 사지 못한다는 데 있다. 강남의 아파트는 한 채에 수십 억이다. 아무나 쉽게 살 수 있는 가격이 아니다.

그러나 지방의 아파트는 대출받고 월세보증금을 받거나 전세를 놓으면 오히려 전세금이 매매가보다 높아져 돈이 안 들어가는 상태가 된다. 전문용어로 무피라고 한다. 그런데 한 채를 가지고는 부자가 될 수 없다. 그러니 수십 채 사는 것은 기본이다. 수백 채인 사람도 있다.

그러나 이들을 부자라고 부를 수는 없다. 오히려 그들의 삶은 현실지옥이다. 매일 세입자 수십 명, 수백 명을 상대해야 한다. 게다가 비싼 아파트 거주자가 아니므로 월세가 밀리거나 소득 수준이 낮은 소위 진상 세입자들도 다수다. 심지어 외국인 노동자가 방을 쓰면 6개월마다 도배해야 하는 경우도 생긴다.

언제 어디서 누가 나갈지 모르니 항상 전세금과 월세보증금을 준비해 놔야 한다. 당연히 현금 여유는 제로다. 부동산도 크게 오르지 않는다. 올라도 워낙 거래가 없어 팔리지 않는다. 집은 많은데 역설적으로 집거지라 할 수 있다.

문제는 아파트가 오를 때는 세금 때문에 팔 수 없으며 내릴 때는 위기가 찾아온다는 점이다. 여러 차례 반복하지만 문재인 정부 시절, 3주택 이상 가진 자에게는 세금을 82.5% 매겼다. 그러니 아파트가 올라도 어떻게 파나?

세금을 깎아주고 거래를 터주는 시기는 금융위기와 같은 유동성 위기 때다. 금리가 올라가고 경매로 부동산이 쏟아지니 은행의 부실화를 막기 위해 이런 조치를 취한다. 60%밖에 되지 않던 대출도

80~90%까지 가능하게 해주고 양도세도 깎아준다. 심지어 특정 시기에는 양도세를 5년간 면제해 주기도 한다. 이런 시기가 바로 공황이다.

그렇다면 공황은 언제 오나? 금리 인상기에 시작되어 금리 인하기에 바닥을 친다. 연준이 금리를 인상하면 통상 한국은행은 연준보다 더 높게 금리를 올린다. 외국인들이 원화를 팔고 더 안전한 달러를 사기 때문에 연준이 3%까지 금리를 올리면 한국은행은 4~5%까지 올릴 수밖에 없다. 이러면 시중은행은 가산금리를 3%만 붙여도 7~8%가 된다. 저축은행은 10%가 넘어간다. 물론 2023년 6월 현재 연준의 금리 대비 한국의 금리가 무려 2%나 낮고, 현재까지 문제가 발생하지는 않고 있으나 아직은 결론이 난 게 아니다. 더 두고봐야 한다. 문제가 발생할 여지는 분명 있다.

대출을 9억으로 잡으면 이자 3% 구간에서는 한 달 225만 원이다. 이자가 7%로 오른다면 한 달에 525만 원이다. 이자를 버틸 수 없는 사람들은 너도나도 아파트를 내놓기 때문에 결국 매매가격이 떨어진다. 4억만 떨어져도 10년에 걸쳐 원금을 상환할 경우 한 달에 333만 원씩을 갚아야 한다. 525만 원 이자와 333만 원의 원금, 합하면 한 달에 약 853만 원 정도가 된다.

뉴스에서 수도권과 서울 외곽의 아파트 호가가 4억 떨어졌다는 소식이 들리면 '이 집 한 달에 대충 850만 원은 갚아야 하는구나' 생각하면 된다. 가격이 높은 아파트 한 채만 가지고 있어도 가격이 떨어지면 파산에 직면할 수 있다.

금리인상이 시작되면 시중에 유동성이 마르면서 서울 외곽이나 경기도, 지방의 아파트 가격이 떨어지기 시작한다. 약한 고리가 잘려나가면서 붕괴가 시작된다. 서울의 강남 아파트와 같은 경우 현금 부자들이 많아서 웬만한 금리인상기에도 고통은 있을지언정 버틸 수는 있다. 또한 집 많은 부자들은 서울 외곽이나 수도권, 지방의 아파트는 팔아도, 강남 아파트는 안 팔고 버티기에 들어간다. 그러니 약한 고리부터 무너지고 하락세는 점차 전국으로 퍼져나간다.

아파트는 KB시세의 영향을 받는다. 이 시세가 떨어지면 대출 연장 시 원금상환이 들어올 수도 있다. 이 시기가 바로 부동산 갭투자자의 추수감사절이다. 한 채당 매매가나 전세가가 1억 원씩만 떨어져도 10채면 10억, 100채면 100억 원이다. 갭투자자가 이 돈을 쟁여놓았을 리가 없다. 평소에 욕심이 많아 돈이 생기면 더 많은 아파트를 갭투자해 놓았기 때문이다.

따라서 갚을 수 없는 원리금에 결국 디폴트 선언을 하고 그 사람 명의의 부동산은 모두 경매로 날아간다. 한 순간에 무너지고 심지어 수십 억 원의 빚까지 진다. 경매로 아파트가 팔려도 낮은 가격에 팔리기 때문에 못 갚은 빚이 남기 때문이다. 부자가 되려는 꿈이 악몽으로 바뀐다.

부동산은 환금성이 없기 때문에 위기에 팔리지 않는다. 아파트 시세가 떨어진다는 위기감이 팽배해져 거래가 위축된다. 그러니 위기에 대응할 수 없다.

반면 주식은 위기에도 팔린다. 유동성이 메마른 특수 경우를 제외하면 대부분 순식간에 팔린다. 수십 억 거래도 세계 1등 주식은 클릭과 동시에 체결된다. 따라서 팔지 않고 버틸 생각만 하지 않는다면 얼마든지 위기를 감지했을 때 주식을 팔고 나올 수 있다.

현금을 확보하고 나면 위기가 지나가거나 주가가 떨어질 때마다 모아가면서 오히려 위기를 기회로 만들 수 있다. 그래서 평소에는 꾸준히 오르는 주식을 하면서 자금의 규모를 키우고 위기가 오면 팔았던 현금으로 많이 떨어진 부동산을 사면 된다.

⭐ 결론

칠면조의 길을 갈 것인가 아니면 칠면조를 요리할 농부의 길을 택할 것인가? 추수감사절에 칠면조를 먹을 것인가 아니면 제삿날이 될 것인가? 본인의 선택이다. 물론 농부는 매뉴얼을 알고 대처해야 위기를 탈출할 수 있다. 매뉴얼을 모르면 주식을 해도 결국 칠면조 신세다.

인생의 목적 따위는 없다

인생의 목적 따위는 없다. 목적을 세우는 순간 목적의 노예가 되기 때문이다.

100억 벌기가 목적이라면 물욕의 노예가 된다.

국회의원이 목적이라면 명예욕의 노예가 된다.

목적에 올인하는 순간, 과정은 수단이 된다.

목적을 이루지 못하면 좌절감이 몰려오고 그동안의 노력은 순간 물거품이 된다.

하루하루가 모여 인생이 된다. 하루를 의미 있게 또는 즐겁게 때로는 도전적으로 살면 된다. 그러면 인생은 후회없이 잘 끝난 인생이 된다.

에피쿠로스 학파와 루크레티우스는 쾌락주의를 추구했다. 그러나 대개의 철학자와 지배자는 쾌락주의를 저주했다. 왜냐하면 쾌락은 통치자나 통치계급에만 독점되어야 했기 때문이다.

일이 하기 싫은가? 당연하다. 산업혁명 이후 일은 분업화되었고 분업은 생산성을 올렸지만 성취감은 없었다. 처음부터 끝까지 어떤 물건을 만들어야 성취감이 생기는데 기계의 톱니바퀴처럼 일부만 만드는 분업에서는 성취감이 있을리 없다. 그래서 밥벌이를 위한 출근이 싫어진 것이다.

왜 우리는 하기 싫은 일을 하게 되었을까?

하기 싫은 일도 해야 하는 이유는, 제대로 즐거운 일을 찾는 과정이 한 번도 없었기 때문이다. 대학에서 과를 정하는 과정은 내가 하고 싶었던 일은 아니다. 전공은 점수에 맞춰 선택했고 졸업 후 기업에서 불러주는 곳에 들어갔다. 생각해 보면 하고 싶은 일은 평생 찾아본 적도 없다.

인생을 즐겁게 보내려면 반드시 처음부터 끝까지 만드는 그 무엇이 필요하다. 당장 그럴 수 없다면 하고 싶었던 일을 취미나 부업으로 해보는 것도 괜찮다. 10억 원을 모을 때까지 미뤄두지 말자. 할 수 있는 일부터 당장 시작하자.

하루하루 가슴 떨리는 일을 한다면 인생을 잘 보내고 있는 것이다. 가슴 떨리는 일은 분명 성취감이 있는 일이다. 예를 들어 글을 쓰거나 그림을 그리거나 무엇을 만들거나 여행을 가거나 책을 읽거나 보고 싶은 사람을 만나는 일 등이다. 이 모두 내가 하고 싶은 일을 하는 것이다.

잘하고 싶은 일을 잘하게 되어 다른 사람들에게 인정까지 받으면 기쁨은 배가 된다. 즐거운 일을 찾으려면 선택과 기피의 동기를 발견해야 한다. 간단하다. 가슴 떨리는 일을 선택하면 되고 하기 싫은 일을 피하면 된다. 이것을 반복하다 보면 매일 즐겁고 가슴 떨리는 일을 할 수 있다. 그것이 인간의 본질이며 인생을 즐겁게 사는 본질이다.

돈이 없어 못하는가? 돈이 들지 않으면서 가슴 떨리는 일을 찾으면 된다.

⭐ 결론

돈이 없다고 죽을 때까지 하기 싫은 일만 죽어라 하다가 갈 수는 없지 않은가? 가슴 떨리는 일을 찾는 것을 미루면 결국 죽을 때가 다 된다. 시간은 살같이 빠르다.

05장
한국 부동산 매수 기회가 온다

달러 초강세 시대다. 달러인덱스는 2022년 9월 7일 기준 110을 넘어섰다. 20년 만에 처음이다. 이후 달러 강세가 누그러지는가 싶더니 2023년 들어 다시 강세 기조를 보이고, 하락세로 전환하기는 했지만 추세가 꺾이지 않고 있다.

달러 강세는 다른 나라 통화의 상대적 약세를 의미한다. 2022년에는 특히 유로화 약세가 두드러졌다. 유럽의 경제 사정이 그만큼 좋지 않기 때문이다. 러시아-우크라이나 전쟁이 터지고 원자재 가격이 올랐다. 러시아는 유럽으로 가는 노르트스트림 가스관을 잠그면서 천연가스 가격에 불을 붙였고 유럽의 물가는 치솟았다. 영국을 비롯한 유럽의 전기요금은 예년보다 평균 10배가 뛰었다. 유럽이 러시아의 천연가스에 크게 의존해 왔기 때문이다.

러시아에게 우크라이나는 매우 중요한 요지다. 1970년대 미국 행정부의 외교 안보 브레인이었던 즈비그뉴 브레진스키는《거대한 체스판》이라는 저서에서 우크라이나를 잃은 러시아는 제국이 될 수 없다고 했다. 우크라이나는 거대한 곡창지대인 동시에 흑해를 통해 바다로 나갈 수 있는 관문이기 때문이다.

이처럼 러시아에게 우크라이나는 경제적, 군사적으로 굉장히 중요한 곳이다. 그러나 소련이 해체되고 러시아가 힘이 약해지자 동구권 나라들이 대거 나토에 가입한다. 우크라이나마저 나토에 가입하면 러시아는 제국은커녕 코앞에 나토의 미사일기지가 건설될 판이었다. 우크라이나가 나토에 가입 움직임을 보이자 러시아의 푸틴은 전쟁을 일으켰고 유럽으로 가는 가스관을 잠겄다.

유럽이 이처럼 위험한 러시아 천연가스에 의존하게 된 경위도 살펴보자. 2001년 푸틴은 당시 독일 총리였던 슈뢰더에게 러시아와 독일을 잇는 가스관을 건설하자고 제안했다. 그것이 노르트스트림1이다.

독일은 제조업 강국이다. 에너지를 유럽에서 가장 많이 소비한다. 따라서 가스관만 연결된다면 러시아의 천연가스를 저렴한 가격에 받아 올 수 있고, 주변 나라에 러시아산 천연가스를 통행료를 받고 팔 수 있는 장점이 생긴다.

러시아가 갖는 장점은 무엇일까? 러시아에서 서유럽으로 가는 기존의 가스관은 우크라이나를 지나가고 있었다. 우크라이나 침공을 염두에 두었을 때 우크라이나가 서유럽으로 가는 가스관을 잠그면 러시아는 경제적으로 곤란한 지경에 처한다. 전쟁 지속력이 떨어진다는 얘기다. 따라서 우크라이나를 우회할 수 있는 가스관이 필요했다.

푸틴은 무려 20년 전에 이러한 구상을 하고 있었고 그것이 바로 노르트스트림 가스관 계획이다. 그것에 동의한 총리가 바로 슈뢰더와 퇴임한 앙겔라 메르켈이다. 슈뢰더는 퇴임 직전에 노르트스트림1 계획에 합의했고 앙겔라 메르켈은 노르트스트림2를 건설하고 퇴임했다. 이 두 사람이 유럽을 위기에 빠뜨린 조연이다.

인플레이션은 러시아-우크라이나 전쟁으로 인한 러시아 제재가 가장 큰 원인이다. 러시아의 석유, 천연가스를 비롯해 러시아산 원자재에 서유럽이 제재를 하자 상품가격이 큰 폭으로 올랐다.

그 외에도 시진핑은 마오쩌둥처럼 영구집권을 노리고 있다. 지금까지 가장 성공적이었다고 자평하는 코로나 방역이 뚫린다면 혼란이 일고 중국 인민들의 저항에 직면하게 된다. 따라서 제로코로나 정책을 쓰면서 코로나 환자가 발생하면 대도시, 중소도시를 막론하고 전면 봉쇄하면서 전세계에 물류난이 발생했다.

인플레이션이 발생하자 연준은 그동안 양적완화와 제로금리 등 완화정책에서 양적축소와 금리를 올리는 긴축정책으로 정책을 바꾼다. 인플레이션은 원자재 가격 폭등과 물류난 등 공급측 원인이다.

그러나 연준의 처방은 금리를 올려 소비자의 심리를 죽이는 수요측 요인이다. 그래서 연준이 정말 인플레이션을 잡을 수 있는가에 대한 의문이 계속 제기되었다.

하지만 중국이 도시를 봉쇄하자 수요가 줄 수 있다는 전망으로 유가가 떨어졌다. 따라서 미국의 수요심리를 잡아 인플레이션을 잡으려는 연준의 의도가 틀렸다고 볼 수는 없다. 실제 1980년대 오일쇼크로 인해 스태그플레이션이 일어나자 연준 전 의장인 폴 볼커는 기준금리를 20%까지 올리면서 물가를 잡은 경험이 있다. 그러니 연준은 앞으로 물가가 잡힐 때까지 고금리를 유지할 가능성이 있다.

인플레이션 와중에 연준이 고금리를 유지하는 이유는 무엇인가? 미국은 유럽이나 아시아에 비해 원자재 등 유가 상승으로 인한 인플레이션에 상대적으로 더 안정적이다. 또한 셰일가스 혁명으로 인해 에너지 수입국에서 에너지 수출국으로 바뀌었다. 에너지 독립국이라 유럽 전기료가 10배 올라가는 데 비해 미국은 상대적으로 안정적이다.

그리고 인플레이션을 계기로 유럽과 아시아 우방국들의 미국 의존도를 더욱 높이는 결과를 얻을 수 있다. 트럼프 전 대통령의 경고에도 불구하고 독일의 메르켈 전 총리는 러시아 노르트스트림2 가스관을 연결하려고 했다. 그러나 이번 전쟁을 통해 독일은 러시아의 가스를 끊고 미국의 LNG에 의존하게 될 것이다.

게다가 그렇게 국방비를 올리라고 해도 말을 듣지 않던 서유럽이 국방비를 늘리게 되었다. 결국 유럽은 미국의 방위산업체 매출을 올려줄 것이다. 미국으로서도 좋은 일이다.

이번 전쟁이 쉽게 끝날 것으로 보이지 않는다. 예상을 깨고 이미 2년이 넘었다. 러시아는 어차피 전쟁을 끝낸다고 해봐야 제재가 풀리지 않을 것이고, 전쟁이 끝나면 유가가 떨어지며 러시아의 재정이 심각하게 곤란해질 것이다. 따라서 전쟁의 승패를 떠나 전쟁을 지속하면서 유가 상승으로 인한 경제적 이득을 올리는 것이 더 나은 선택이다.

미국으로서도 러시아가 전쟁을 질질 끌면 그동안 쌓아 두었던 무기들을 유럽에 팔아먹을 수 있고, 유럽은 미국에 더 의존하게 되면서 미국의 헤게모니가 더욱 공고히 될 것이다. 앞으로도 인플레이션은 쉽게 잡히지 않고, 연준의 고금리 정책도 단기에 그치지 않을 것이란 의미다.

연준이 금리를 올리면서 미국의 달러가치도 올랐고, 소비심리도 오히려 꺾이지 않고 있다. 달러가치 상승 때문에 수입원자재의 가격이 싸졌다. 따라서 물가가 높아 고통을 받는 인플레이션을 미치도록 높은 달러로 상쇄하고 있는 것이다.

미국인은 요즘 마치 플라자 합의 이후 일본이 전세계를 돌아다니며 쇼핑을 했던 것처럼 행동하고 있다. 유럽으로의 여행, 부동산 구입 등에 열을 올리고, 서비스 소비도 증가 추세다. 이 역시 금리에는 좋지 않은데, 미국이 실업이 적고 소비심리가 꺾이지 않아 연준이 좀 더 공격적으로 고금리 정책을 유지할 수 있기 때문이다.

연준이 금리를 올리면서 글로벌 자금들은 서유럽, 신흥국 등에서 미국으로 이동하고 있다. 이유는 1980년대 연준이 기준금리를 20%로 올리자 멕시코를 비롯한 남미 국가들이 디폴트에 빠졌기 때문이다. 위기에 빠지면 가장 안전한 통화인 달러로 자금들이 옮겨가면서 약한 고리가 무너지게 되어 있다. 달러 가치가 올라가서 갚아야 할 부채 원금이 늘어나는 데다 금리까지 올라가면 그 부채를 신흥국은 감당할 수 없기 때문이다.

미국은 기축통화국이다. 따라서 디폴트에 빠질 염려가 없다. 우려가 많았던 부채한도 협상도 결국은 해피엔딩으로 끝났다. 돈을 찍어내면 되는 기축통화국이 자신이 디폴트에 빠지도록 방치할 이유가 있겠는가? 운전대를 잡고 있으니 원하는 방향으로 얼마든지 갈 수 있다.

게다가 미국으로 자금이 몰리면서 달러가치가 상승하고 있다. 자산 상승 효과가 있는 것이다. 따라서 연준이 고금리를 유지하는 동안에는 더 많은 자금이 미국으로 몰려들 것이다.

2008년 금융위기가 터지자 미국은 제로금리와 양적완화를 지속했다. 그러다 다시 금리를 올리기 시작했지만 2020년 발생한 코로나 위기로 다시 제로금리, 양적완화를 했다. 미 연준은 2008년 이후 약 3조 달러, 2020년 이후 약 4조 달러라는 엄청난 유동성을 풀어 세계경기를 활성화 시켰다.

결국 미국뿐 아니라 신흥국의 주식, 부동산이 유동성의 힘으로 천정부지로 뛰었다. 하지만 이렇게 뛴 신흥국 자산들은 미국이 고금리를 오래 유지할수록 더 큰 위험요소로 바뀔 것이다.

미국보다 비싼 한국 부동산의 현실

서울 아파트 중위가격 '10.8억'… 중산층 월급 17.6년치

중위소득 가구가 서울에서 중간 가격의 집을 사려면 월급을 한 푼도 쓰지 않고 17.6년을 모아야 하는 것으로 나타났다.

_ 2021년 11월 29일자 매일경제

2021년 서울의 아파트 중위 매매가격이 10억 8,000만 원으로 나타났다. 무려 10억 원을 넘어버린 것이다.

美 주택 중위가격은 4억? 역대급 3월 집값 기록

로이터통신은 20일(현지시간) 미국부동산중개인협회(NAR)를 인용해 지난 달 미국 기존 주택의 중위가격(중간값)이 전년 동월 대비 15% 상승해 37만 5300달러(약 4억6000만원)를 기록했다고 보도했다.

_ 2022년 4월 20일자 한국경제

반면 미국의 주택 중위가격은 4억 6,000만 원이다. 그래서 요즘 판교에서 개발자 구하기가 힘들다. 연봉은 한국이 미국보다 낮은데 집값은 미국이 훨씬 싸기 때문이다. 그래서 미국으로 간 개발자들이 한국으로 돌아오지 않는다. 비록 이 가격 비교가 미국 전체와 서울 아파트의 중위가격이라서 수치에 맹점은 있지만, 한국 부동산이 미국에 비해 많이 올랐다는 사실은 변함이 없다.

1인당 GDP는 2022년 기준 한국 3만 4천 달러, 미국 7만 6천 달러로 약 2배 차이다. 그런데 부동산 가격은 거꾸로 한국이 2배 비싸다.

미국의 양적완화와 제로금리로 인해 전세계가 완화정책을 폈고, 이로 인해 부동산 가격 자체가 너무 많이 올랐다. 연준은 2008년 이후 세계경제가 디플레이션에 빠졌다고 생각했다. 그래서 양적완화와 제로금리를 지속해도 인플레이션이 발생하지 않으리라 보았다. 또한 세계의 공장인 중국과 인터넷 혁명으로 아마존과 같은 기업이

상품가격을 크게 낮췄기 때문에 더더욱 인플레이션에 대한 걱정을 하지 않았다. 다만 그 와중에도 주식과 부동산 등의 자산가격은 꾸준히 올랐다.

구조적인 인플레이션 시대, 부동산의 미래는?

2008년 부동산 버블이 터졌을 때보다 2022년 이후가 더 심각하다고 생각한다. 2022년부터 시작된 원자재 가격 폭등으로 인한 인플레이션은 좀 더 구조적이다. 러시아, 중국의 블록과 미국, 서유럽의 블록으로 나뉘면서 더 이상 세계 자유무역은 지속되지 않을 것이다. 게다가 친환경 에너지로의 전환은 효율적인 석유시대에서 비효율적인 친환경 에너지의 시대로 가기 때문에 에너지 가격 자체가 비싸진다. 따라서 자유무역으로 인한 디플레이션보다는 냉전시대의 인플레이션으로 돌아갈 가능성이 크다.

인플레이션 시대는 높은 금리가 기본이다. 부동산은 디플레이션보다 인플레이션에 더욱 큰 악영향을 받는다.

문제는 지난 15년 간 제로금리와 양적완화로 인해 천정부지로 오른 부동산 가격이다. 과연 현재의 임금으로 부동산 대출 이자를 감당할 수 있을까. 이것이 가장 큰 문제다. 15년 전(2008년) 금융위기가 터졌을 때만 해도 아파트 가격이 지금처럼 높지는 않았다. 서울에도 5억 이하 아파트가 수두룩했다. 3억만 빌리면 5억짜리 아파트를 살 수 있었고, 당시 금리가 8%까지 올라도 1년 이자는 2,400만 원에 불과했다.

한 달 이자 200만 원이 비록 적은 액수는 아니지만, 그때는 원리금 상환방식보다는 주로 거치식이 많았다. 이자만 내다가 2년 후 만기가 돌아오면 원금을 연장시키며 가는 방식이었다. 그러나 요즘은 거의 다 원리금 상환방식이다.

은행에서 3억을 빌렸다면 약 3% 금리 적용 시 1년 이자 900만 원, 한 달 이자 75만 원이다. 하지만 원금도 같이 갚아 나가야 하니 원리금은 약 2배인 150만 원 정도다. 따라서 2008년 이후 8%까지 오른 이자를 감당하는 것(200만 원)보다 저금리 시대 원리금(150만 원)을 갚아나가는데도 오히려 부담이 적다. 이것이 저금리의 착시현상이자 함정이다.

이렇게 대출이자에 대한 부담이 적어지자 2016년부터 부동산 가격은 천정부지로 뛰게 된다. 서울 중위 아파트 가격이 10억을 넘을 정도로 말이다.

그런데 한국의 변동금리 대출 비중은 무려 82.3%에 달한다. 만약 주택담보대출 금리가 떨어지지 않으면 문제는 심각해진다.

10억짜리 아파트 담보대출이 5억 원이라고 가정했을 시, 금리가

8%라면 1년 동안 이자는 무려 4,000만 원, 한 달 약333만 원이다. 그리고 지금은 거치식이 없으니 원리금 상환으로 한다면 2배인 약 666만 원 정도가 된다. 최근(2023년 3월)의 금리추세를 반영해 금리 수치를 낮춰도 이자 부담은 여전히 무겁기만 하다.

그런데 고금리 정책이 아직 끝나지 않았다는 점이 가장 큰 문제다. 앞서 얘기했듯이 인플레이션은 구조적인 문제가 될 것이다. 러시아, 우크라이나 전쟁은 쉽게 끝나지 않을 것이고, 이스라엘과 하마스 간 전쟁도 진행형이다. 중국, 러시아 블록과 미국, 서유럽 블록으로 나뉘어 신냉전 시대가 펼쳐지면 디플레이션보다 인플레이션의 시대가 올 것이다. 그래서 이후로도 높은 금리가 지속될 수 있다. 저금리 시대가 저물고 있는 것이다.

아파트 가격 급락 소식은 쉽게 찾을 수 있다. 인천 송도의 반값 폭락 사례부터 GTX 수혜지역의 동반 하락, 이미 오래 전부터 시작된 세종과 대구 아파트의 폭락, 그리고 믿었던 강남지역 아파트의 한 달 사이 7억, 수개월 만에 10억 폭락 기사까지 가격 하락 폭과 금액이 상상을 초월한다.

과거에는 강남 아파트가 30% 정도만 빠져도 매수자들은 쌍수를 들고 환영했다. 그 정도면 많이 빠졌다고 보았기 때문이다. 예를 들어 30억짜리 강남 아파트가 20억까지 떨어지면 많이 떨어졌기 때문에 이젠 사도 된다는 입장이었다. 2008년 금융위기 당시에도 은마

아파트가 2006년 13억 원에서 최고점을 찍고 2009년 8억 6천만 원 정도에서 바닥을 찍고 올라온 전례가 있다.

그러나 이번에도 그럴까? 나는 대한민국 부동산이 그때보다 더 떨어질 수도 있다고 생각한다. 2008년도 금융위기 당시에는 미국이 망한 시기였다. 이에 따라 미 연준은 적극적으로 제로금리와 양적완화를 실시했다. 이때는 대출이 많아도 제로금리라면 별 문제가 되지 않았다. 집거지(하우스푸어)가 제일 많았던 2012년에도 버틸 수 있었던 이유는 글로벌 저금리 시대였기 때문이다. 물론 당시 우리나라 주택담보대출 금리가 8%에 육박했지만 말이다.

그러나 지금은 미국의 기준금리 자체가 5%대 이상이다. 신흥국의 기준금리는 그 이상으로 올라가고, 거기에 가산금리를 합치면 최소 8%대까지 올라갈 것이다. 그런데다 현재 부동산 가격은 당시보다 2배 이상 뛰었다.

금리마저 높은데 갚아야 할 액수는 더 늘었고 이자만이 아니라 원리금까지 갚아야 한다. 따라서 인플레이션이 지속되고 고금리가 유지된다는 가정하에 부동산 가격은 앞으로도 크게 떨어질 수 있다.

⭐ 결론

인플레이션이 지속되고 고금리가 유지된다고 가정하면 부동산 위기는 더 크게 올 것이다. 그때 현금 또는 달러를 들고 있다면 부동산을 싸게 살 기회를 잡을 수 있을 것이다.

뼈 때리는 팩폭

인싸되는 법

"사람은 사람을 통해서 행복할 수밖에 없다." 포스트모더니즘의 상대주의 철학이 알려주는 불편한 진실이다.

평범한 사람이 타인을 의식하지 않기란 불가능하다. 대부분의 사람들은 상대방을 의식하고 그들의 인정에 목말라 한다. 행복은 타인이 나에게 행복하다고 규정을 지어줘야 비로소 쟁취가 가능하다. 대부분의 사람들이 그렇게 생각한다는 것이다. 결국 행복은 나에게서 오는 것이 아닌 타인에게서 온다는 것이 상대주의 철학의 핵심이다.

타인과의 끊임없는 비교는 인간의 숙명이다. 그러나 비교는 위험하다. 내가 남보다 낫다고 생각하면 자만에 빠지고, 못하다고 생각하면 비참함에 빠진다. 유타밸리 대학교 송재근 교수의 말이다.

인싸는 무엇인가? 남과 비교해 돋보이는 사람이다. 그러나 사실 인싸는 보이지 않는 계급이다. 학창시절에도 계급이 있었고, 사회생활에도 계급이 존재한다. 다만 학교와 사회에서 인싸의 개념은 조금 다르다.

학창시절 인싸는 네 가지다. 얼굴 잘생긴 애, 싸움 잘하는 애, 운동 잘하는 애, 공부 잘하는 애다. 이 외는 원 오브 뎀이다. 여기서 선천적으로 타고나는 것 빼고 노력으로 극복할 수 있는 단 한 가지는 공부뿐이다.

그러나 사실 공부도 타고난다. 특별히 머리가 좋은 케이스를 빼고 대부분은 부모의 경제력과 선행학습으로 판가름난다. 결국 좋은 부모를 만나야 공부도 잘할 수 있다.

학창시절 싸움을 잘하는 아이라 해도 공부 잘하는 아이는 건드리지 않는다. 조폭이 검사를 무서워하듯 말이다.

졸업 후 동창회에 나가보면 이 네 가지가 왜 인싸를 결정하는지 알 수 있다. 네 가지 안에 끼지 못한 아이는 동창회에서 '너는 누구니?'라는 말을 듣고 만다. 주목받지 못한 아싸였다는 얘기다.

그러나 사회는 다르다. 강남 모고등학교에서는 제일 못나가는 아이가 국회의원 아들이라는 얘기가 있다. 재벌회장 손자, 돈 많은 부자 등이 즐비하기 때문이다. 전교 1등에게 재벌회장 손자가 "너 열심히 공부해서 우리 회사 들어와"라고 말했다는 소리도 있다.

공부를 아무리 잘해도 돈이 없으면 사회에서는 그저 노예일 뿐이다. 권불 10년이라는 말이 괜히 있는 것이 아니다. 권력은 10년 가지만 재벌은 영원하니까.

사회는 돈 많은 사람이 계급의 최상위권에 있다. 그래서 돈 많은 순서대로 인싸가 된다. 사회에 발을 들여놓는 순간 대부분의 사람들은 돈을 벌기 위해 목숨을 건다. 치열한 취업전쟁과 승진 경쟁, 빨라지는 정년, 몰락한 자영업자의 현실, 천정부지의 교육비, 끝없이 오르는 아파트 가격 등으로 아예 다른 생각을 할 여유가 없다.

그리고 현실을 깨닫는 순간 돈을 욕망한다. 재테크 책을 읽고 강연을 들으며 부동산 경매, 주식, 코인 등에 목숨을 건다. 그리고 정신없이 나의 시간과 돈을 맞바꾼다.

왜 평범한 사람은 재테크에 빠질 수밖에 없는가? 2022년 기준, 국내 시가총액 상위 50대 기업의 1분기 임직원 수는 56만 3,173명이다. 이 중 임원은 4,727명으로, 전체 임직원 수 대비 임원 비율은 0.8%였다. 상대적으로 임원이 많은 금융지주사 및 순수지주사 5곳은 제외한 수치다. 10년 전인 2012년(0.9%) 대비 0.1%포인트 낮아졌다.

사회에서 인싸 되기가 쉬워보이는가? 1,000명 중 임원은 8명뿐이다. 임원의 평균 연령은 45세 정도다. 임원이 되지 못하면 45세 전후에 잘린다는 얘기다. 후배가 임원이 되면 선배는 더 이상 회사 다니기가 힘들어진다.

40세~50세까지는 돈이 가장 많이 들어가는 시기다. 교육비와 생활비가 정점을 찍는다. 그러니 결국 승진보다는 상대적으로 확률 높은 재테크에 열을 올릴 수밖에 없지 않겠는가?

그러나 재테크도 쉽지 않다. KB금융지주 경영연구소가 낸 '2021 한국 부자 보고서'에 따르면 금융자산이 10억 원 이상인 부자는 모두 39만 3,000명으로 전체 인구의 0.76%로 추정됐다. 부자비율은 대기업 임원 확률보다 낮다. 임원 되기도 하늘에 별따기지만 부자 되기는 그보다 어렵다는 의미다.

인싸가 되려고 하면 할수록 나의 생활은 없다. 돈을 더 벌면 벌수록 더 강한 타인이 나와 나의 욕망을 자극하기 때문이다. 10억을 벌면 100억 부자가 보이고 100억을 벌면 1000억 부자만이 보인다. 놀 시간이 있겠는가? 목적 없는 달리기만 있을 뿐이다.

⭐ 결론

니체는 "타인은 지옥이다"라고 했다. 상대주의를 깨기 위해서는 절벽에서 뛰어내릴 정도의 초인(위버멘쉬) 정신이 있어야 한다. 초인 정신이란 타인을 이기는 것이 아닌 타인을 내 머리속에서 지우는 것이다.

06장 | **자산시장이 폭락하는 이유**

"천체의 움직임은 계산할 수 있어도, 인간의 광기는 계산할 수 없다."

_아이작 뉴턴

1720년, 남해회사 거품 사태를 겪은 뉴턴이 한 말이다. 천재인 그도 인간의 감정은 측정할 수 없었다. 그가 강점을 보인 분야는 과학법칙으로 상대성원리인 $E=mc^2$와 같은 것들이었다.

포퍼에 의하면 과학법칙은 항상 가설이다. 검증을 통해 틀렸음을 반박할 수는 있어도 옳다고 입증할 수는 없다. 과학법칙의 개선은 검증 덕분이다. 과학은 현상을 설명하는 가설을 수립하고, 이 가설에 의한 예측이 들어맞는지를 검증하기 위해 실험을 설계한다. 실험이 맞다면 이론으로 정립된다. 그리고는 검증을 통한 반박이 나오기 전까지만 '참'으로 유지된다. 지동설이 나오기 전까지 천동설은 당연히 참이었다.

과학으로 주식을 설명하는 가설을 수립할 수 있을까? 이 가설에는 인간의 감정도 포함되어야 한다. 그런데 인간의 감정은 아침 다르고 저녁 다르다. 그러니 결국 이 가설은 설계 단계부터 에러다.

사회과학을 보자. 어떤 가설을 세워도 예측은 결과 앞에 무릎을 꿇는다. 어떤 예측도 틀린 결과를 낳고, 설사 맞는다 하더라도 한 가지라도 틀리면 법칙으로써 존재할 수 없다.

사회과학은 일어난 결과에 대한 대응만이 최선이다. 그러니 나 역시 예측해서 투자하지 않고 일어난 결과에 대응만 할 뿐이다. 나스닥 -3%가 뜨면 말뚝박기를 하고, 2.5% 떨어지면 10%씩 팔면서 리밸런싱을 한다.

부동산과 주식은 양의 되먹임이 일어나는 시장이다. 따라서 버블이 필연적이다.

자산 폭락을 촉발하는 양의 되먹임이란?

미국의 부동산 시장이 호황을 누린 원동력은 연준이 실시한 양적완화와 제로금리 덕분이었다. 대출이자율이 내려가면 부담이 덜해져 대출로 부동산을 사려는 사람들의 욕구가 커진다. 예대마진이 줄어든 은행도 적극적인 대출로 해결책을 모색한다. 덕분에 신용도가 좋지 않은 사람들도 대출이 쉬워진다.

대출이 쉬워지면 부동산 거래가 활발해지고, 가격이 상승한다. 반면 경매 건수는 줄어든다. 빚을 못 갚아 어쩔 수 없이 경매로 넘기는 것보다는 중개업소에 내 놓으면 바로 팔리기 때문이다. 부도 확률은 낮아지고, 부동산 가치는 올라간다. 이에 은행은 더 높은 담보가치로 대출을 해준다. 이렇게 상호작용이 잇따르며 부동산에 호황이 온다.

부동산 호황이 닥치면 부동산에 관심조차 두지 않았던 사람들까지도 영끌을 통해 부동산을 사기 시작한다. 그리고 결국 머지않아 호황은 정점에 다다른다. 최대 규모로 대출을 해주는 상황이 정점이고, 이것이 부동산의 버블을 일으키는 양의 되먹임 현상이다.

부동산이건 주식이건 끝없이 오를 수는 없다. 어느 시점에 다다르면 하나의 트리거로 시작되어 강제청산이 시작된다. 금리상승일수도 있고, 2008년 금융위기의 시작을 알린 대형 은행 파산일 수도 있다.

트리거가 나오기 전부터도 약한 고리에서는 삐걱거리는 현상이 나타난다. 예를 들어 월 300만 원 버는 직장인이 10억 하는 아파트를 대출 6억을 끼고, 대출이자 2%에 매달 100만 원씩 내면서 전세 4억을 넣고 무피로 샀다고 가정해 보자.

그런데 금리가 올라 이자가 4%로 뛰었다. 매달 갚아야 할 이자가

200만 원이 되었다. 이자 100만 원에, 생활비 200만 원이었는데, 갑자기 뒤바뀌어 이자 200에 생활비 100이다. 이러면 생활이 되는가? 할 수 없이 아파트를 내놓는다. 그런데 팔리지 않는다. 나보다 잽싸게 더 싸게 내놓은 아파트가 있기 때문이다.

시간이 흘러 어느새 변동금리 대출만기가 돌아왔다. KB시세를 알아보니 10억 아파트가 8억까지 떨어졌다. 은행에서는 60%인 4억 8천만 원까지만 대출을 해주겠다고 한다. 대출연장을 하려면 1억 2천만 원을 일시상환해야 한다. 그런데 당장 1억 2천만 원이 어디 있는가?

거품 뒤에는 강제청산이 시작되고 강제청산 이후에는 급격한 부동산 폭락이 온다. 2008년 금융위기가 부동산 폭락을 불러왔다. 주식이라고 다르지 않다. 신용이 무너지면서 주가가 떨어지고 강제매매가 이어지며 결국 자산 폭락이 일어난다.

⭐ 결론

인간의 감정은 욕망과 공포라는 양극단을 오간다. 따라서 한 번 방향이 정해지면 모두 그 방향으로 몰려간다. 그래서 버블이 일어나며 버블이 정점에 다다르면 결국 폭락이 온다.

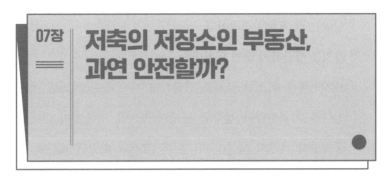

07장

저축의 저장소인 부동산,
과연 안전할까?

대부분의 선진국들은 저출산과 고령화로 고통을 겪고 있다. 그리고 공통적으로 부동산을 저축의 저장소로 삼는다. 그런데 부동산이 정말 내 돈을 보관하기에 안전할까?

마크 트웨인은 이렇게 말했다.

"땅을 사세요. 더 이상 땅은 새로 만들어지지 않으니까요."

데이비드 리카도는 '생산적인 소비를 하는 자본가'와 '가치를 생산하지 않는 토지귀족'으로 나눴다.

① 생산적인 소비를 하는 자본가

자본가는 생산적인 소비를 한다. 자본가는 직원을 고용해 임금을 지불한다. 직원은 열심히 일해서 물건을 생산하고 물건을 팔아 자신의 인건비보다 많은 이윤, 즉 잉여를 발생시킨다.

잉여는 생산적인 소비이다.

② 가치를 생산하지 않는 토지귀족

토지귀족은 희소한 토지를 선점하고 매우 높은 지대를 매겨 잉여를 착취한다고 생각했다. 당시 토지는 귀족들이 대대로 물려받아 매매의 대상이 아니었다. 그러니 희소한 토지에 높은 지대를 매기는 행위는 자본가의 잉여를 착취하는 행위라 봤던 것이다. 그리고 귀족은 착취한 잉여를 사치스러운 생활에 낭비하니 생산적으로 가야 할 부가 낭비되고 있다고 봤다.

그런데 이러한 개념이 GDP의 등장으로 바뀌게 된다.

GDP ＝ 소비 ＋ 투자 ＋ 정부지출 ＋ 순수출(수출－수입)

GDP는 국부이다. GDP가 2분기 이상 연속 하락하면 침체고, 1년 이상 지속되면 불황으로 간주한다. 침체나 불황이 오면 정치인부터 중앙은행 총재, 언론까지 온통 난리가 난다. 오늘날 경제에서 GDP는 그 어떤 수치보다 중요해졌다.

그런데 GDP가 측정되기 시작하면서 이윤과 지대의 개념이 사라졌다. 생산적인 것과 비생산적인 것을 가리지 않게 되었고, 정치인들은 GDP에만 도움이 된다면 비생산적인 일이라도 일단 지르고 보

반복되는 상승과 하락 사이에서 **지속적으로 기회 잡는 법**

게 된 것이다.

인류의 더 나은 생활을 위해 제조업, 서비스업을 한다면 그것은 이윤을 만들어내는 생산적인 투자다. 주식에 투자된 돈은 기업을 지탱하고 기업은 임금을 주고 노동자를 고용해 물건을 만들고 물건을 팔아 이윤을 만들어내는 선순환을 가져온다. 이윤은 생산적인 투자다.

그러나 부동산 투자는 과거의 지대이며 비생산적인 투자다. 생산성이 제조업의 R&D(연구개발)보다 현저하게 떨어지기 때문이다. 그런데 부동산은 마크 트웨인의 말처럼 희소하기 때문에 많은 사람들이 부동산에 저축을 하면 생산성이 더 떨어지게 되어 있다. 그래서 부동산 가격이 크게 오르면 오를수록 GDP는 떨어지게 되어 있으니 전형적인 비생산적 투자다.

예를 들어 임금노동자의 월급은 오르지 않는데 아파트 가격이 크게 오른다면 어떻게 되는가? 빚을 얻어 아파트를 살 수밖에 없다. 임금노동자는 시간이 지나면서 18평에서 24평 그리고 32평으로 평수를 늘려가고, 그때마다 그가 감당해야 할 이자는 크게 늘어나고, 대신 가처분소득이 줄어든다. 소비가 줄어들면 자본가들의 공장은 돌아가지 않고 임금노동자를 해고하거나 공장을 해외로 옮길 수도 있다.

문제는 아예 아파트조차 사지 않는 사람들이다. 이들은 천정부지까지 오른 아파트 때문에 월세가 오르고 그로 인해 가처분소득도 줄어들며 소비도 위축되지만 빈부격차로 인한 자괴감도 늘어난다.

개인은 부동산에 투자해야 이익이다. 선진국들은 고령화가 되면서 생산성이 떨어진다. 그런데 반대로 GDP는 지속적으로 늘어나야 한다. 그러니 기업과 개인은 각각 잉여와 임금을 부동산으로 저축하여 GDP 증가 효과를 발생시킨다.

너도 나도 부동산을 사면서 가격이 올라간다. 마크 트웨인의 말처럼 토지는 희소하니 토지에 저축하면 내 자산도 늘어난다. 그러나 이러한 부동산 부채의 증가는 가처분소득 감소에 의한 소비의 감소를 가져오고 해외로 공장이 나가게 되는 부작용을 낳는다.

개인이 아닌 국가차원에서 이 문제를 바라보자. GDP 성장률이 늘어날 때 부채 증가는 관계가 없다. GDP 규모와 비례해 부채를 계산하기 때문이다. 그러나 GDP 성장률이 떨어지면 두 가지 중에 하나는 꼭 해야 한다. 생산성을 올려 성장률을 올리거나 부채를 줄이거나 둘 중 하나다.

그러나 생산성은 올릴 수 없다. 이미 저출산, 고령화와 막대한 부동산 부채로 인해 가처분소득 감소로 소비와 투자가 줄어들었기 때문이다. 결국 남는 건 부채 축소다.

그러나 부동산은 끊임없이 오르고 청년세대는 부동산 랠리에서 소외된다. 양극화 문제가 대두되고 생산성은 갈수록 더 떨어진다. 그리고 여기까지 진행되면 이미 때는 늦는다. 부모 세대가 생산성과 임금을 증가시키는 경제활동보다는 주택시장에 투자하며 저축을 낭비했기 때문이다.

국가는 중산층의 부를 유지하기 위해서 부동산 가격을 끊임없이 올려야 한다. 부동산 가격이 떨어지면 부동산에 저축을 해 놓았던 중산층의 부가 한꺼번에 사라지기 때문이다. 한국을 비롯한 동양권은 부동산 의존도가 특히 더하다. 주식, 채권 등 현금성 자산 대비 부동산 비중이 훨씬 높다.

끝없이 늘어나는 부동산 가격을 지탱하지 못하면, 잃어버린 30년을 경험한 일본처럼 버블 붕괴가 일어난다. 한국은 2008년 금융위기 충격 이후 2012년 하우스푸어를 경험했다. 중국은 디레버리징 과정에서 헝다사태를 계기로 부동산 부채 문제가 본격적으로 불거지고 있는 중이다.

부동산 호황은 지속될 수 없다. 언젠가는 끝없이 오르던 부동산 가격이 지탱하지 못하고 주저앉고 만다. 미국의 금융위기가 전세계적인 침체를 가져왔던 것처럼 말이다. 한국도 그로 인해 혹독한 구조조정을 겪었다. 그런데 문제는 부동산 침체는 한 번 오면 대응이 불가능하다는 데 있다. 대부분 부동산은 부채를 안고 사기 때문이다.

주식에서 "빚투를 경계하라"는 말을 자주 한다. 3배 레버리지를 썼다가 33% 이상 떨어지면 총자산이 0이 되고 말기 때문이다.

하지만 부동산 침체에서 오는 빚 문제는 더 심각한 결과를 낳는다. 2008년 말부터 시작해 2012년 바닥을 찍고 2016년에 끝났으니

까 말이다. 부동산 침체는 그만큼 길게 진행된다. 당시 경매물건이 넘쳐났고 분양권은 마이너스피가 발생해 몇 억을 날린 이가 한둘이 아니었다.

그리고 아파트 값이 떨어지면 떨어진만큼 원금상환을 해야 한다. 아파트가 많을수록 금액은 더 커진다. 부동산은 위기에 매매 자체가 안 되기 때문에 알고도 해결할 수 없는 진퇴양난에 빠지게 한다.

⭐ 결론

부동산 투자, 호황기에는 좋은 방법이다. 그러나 침체를 한 번 겪으면 모든 재산이 한꺼번에 날아갈 수 있다. 따라서 호황기에 적당한 가격에 팔고 월세 살다가 불황기에 저가에 진입하는 것이 좋다. 전세보다 월세인 이유는 부동산 불황기에는 전세가 깡통주택을 만나면 경매로 넘어가도 세입자가 선순위라 그 집을 낙찰 받을 수밖에 없기 때문이다.

이러면 불황기 저가 진입이 불가능해진다. 그리고 한 번 시작된 부동산 불황기는 언제 끝날지 알 수 없다. 부동산의 무서운 점이 바로 이것이다. 한국의 2012년처럼 8년으로 잠깐 끝날지 아니면 일본처럼 30년 이상 지속될지 그 무엇도 장담할 수 없다.

반복되는 상승과 하락 사이에서 **지속적으로 기회 잡는 법**

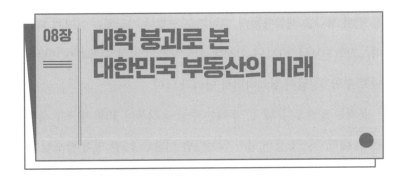

암울한 지방대의 운명

요즘 유튜브 알고리즘 때문에 대학폐교 영상을 자주 보게 된다. 이 영상을 보며 우리나라 부동산도 대학의 미래와 비슷해지지 않을까 생각한다.

대부분 대학 폐교의 이유는 재단의 몇 백억대 비리와 횡령 때문이다. 학령인구가 줄어 지방대학은 학생 수를 채우기 힘들다. 지금 대학 정원이 45만 명인데, 재수생을 포함하여 수능 응시생이 45만 명이다. 몇 년 전 65만 명에서 20만 명이나 줄었다. 과거에는 전문대도 재수를 통해 들어가던 때가 있었다. 한 해 응시생만도 100만 명이 넘었다. 정말 까마득한 옛날 같다.

정원을 채우기 힘들어진 지방대학은 중국을 비롯한 해외 유학생을 받아 사람을 채워왔는데, 그마저도 코로나 시국에는 어렵게 되었다. 그러다 보니 2021년 입시에서는 거점 국립대 수학과가 미달이 났고 수학 9등급이 합격하면서 난리가 났다.

문제는 앞으로다. 몇 년 후에는 수능 응시생이 30만 명으로 줄어든다. 대학 구조조정을 하지 않는다면 미달만 15만 명이 발생할 것이다. 매년 줄어드는 신생아 수를 봤을 때 수능 응시생의 감소는 더하면 더했지 갑자기 늘어날 이유는 없다.

그러나 대학 구조조정이 말처럼 쉬운 일은 아니다. 우선 대학은 아무에게나 팔 수 없다. 사학법 때문에 사학재단에게만 팔아야 한다. 또한 한계 대학들이 문 닫기를 꺼리는 이유는 현행 사립학교법상 사학법인이 해산할 경우 남은 재산을 모두 국고로 귀속시키도록 규정하고 있기 때문이다. 따라서 문을 닫고 싶어도 닫지 못한다.

행여 퇴로를 열어줘도 문제다. 본전이라도 건지고 나가려고 대기 중인 대학이 수두룩하기 때문이다. 그러니 열악한 지방대 일부는 어쩔 수 없이 울며 겨자 먹기로 대학을 운영중이다. 게다가 대학은 경매로 팔기도 힘들다. 낙찰을 받아도 사학법인이 아니라면 소유권 이전이 되지 않는다. 그러니 죽을 날만 기다리는 것이 지방대학의 운명이다.

대부분의 횡령이 지방대에서 일어나는 이유

지방대는 학생들이 지원을 하지 않고, 국가지원으로 당장은 연명할 수 있겠지만 결국은 폐교의 길을 갈 것이다. 나는 학교운영위원회 위원을 담당하고 있어서 사립고등학교의 재단이 어떻게 돌아가는지 대충 알고 있다. 1년 예산이 약 80억 정도 되는데 이중 국고지원이 약 53억이다. 총 예산의 2/3를 국고지원에 의지하고, 나머지는 졸업생 후원, 지자체 후원, 등록금 등으로 조달한다.

지방대학도 국고지원이 끊기면 바로 아웃될 운명이다. 그런데 국고지원 기준은 바로 학생 수다. 따라서 미달이 나면 바로 대학등급은 D등급으로 떨어지고 퇴출되고 만다.

당신이 대학재단 이사장이라고 가정해 보라. 이대로 가다가는 돈 한푼 못 건지고 폐교되거나 국고 귀속이다. 학생 수 감소로 D등급을 받았는데, 공과금, 교직원 인건비, 시설관리비 등은 지속적으로 나간다. 그러니 재단 이사장은 빈털터리 신세가 되어간다.

그래서 횡령이 발생한다. 재단 이사장은 일단 학생 수 뻥튀기로 더 많은 교육부 예산을 받아낸다. 그리고 교직원 인건비, 공과금 등을 아예 주지 않는다. 교직원의 신고로 재단 이사장은 검찰에 고발되어 구속된다.

교육부에 폐교를 신청한 군산 서해대의 경우 2015년 이사장이 학교 자금 146억을 횡령한 후 교육부의 대학 평가에서도 재정지원 제한대학 등급에 들면서 재정 위기를 겪어왔다. 이사장은 징역 5년형을 받았다.

146억 횡령에 감방생활 5년. 즉 5년이 지나면 146억은 이사장의 돈이 된다. 작정하고 벌인 일일 수도 있다는 말이다. 물론 돈은 타인 명의로 빼돌려놨을 것이다.

혹시 대학교수가 꿈인가? 학벌과 실력이 매우 탁월하지 않다면 나중에 후회하지 말고 지금이라도 진로를 바꾸길 바란다. 대부분 지방대학에 갈 텐데 좋지 않은 결과가 나올 수 있다. 혹은 일자리를 얻지 못해 대학교수가 꿈인 채로 세월을 낭비할 수도 있다.

지방 부동산의 미래

'백원택시'라고 들어보았는가? 시내버스가 다니지 않는 오지 마을 주민을 위해 운행하는 택시로 대중교통을 이용할 수 있는 곳까지 100원만 내고, 택시비 차액은 전부 시에서 보조해준다.

이런 사례까지 나오는 이유는 청장년 인구는 대도시로 떠났고, 지방도시가 고령화되었기 때문이다. 이 때문에 지방도시에는 경전철이나 버스노선이 필요없었다. 노인들은 출퇴근을 하지 않기 때문이다.

그 대체재로 백원택시가 등장했다. 지자체 입장에서도 차리리 경전철과 버스를 접고 그 돈으로 한 달에 한 번 병원 나오는 노인들에게 보조금을 주는 편이 운영비용 측면에서 유리하다. 오죽하면 백원택시가 나왔을까? 결국 이런 곳은 집값이 오를 수 없고, 슬럼화된다는 얘기다.

혹시 지방의 오래된 아파트에 갭투자를 고려하고 있다면 다시 생각하길 바란다. 있는 돈에 맞추다 보니 지방밖에 대안이 없다면 결국 나중에 팔리지 않아 고생길을 갈 수 있다. 지방은 노인 인구가 많아 집을 살 여력이 없다. 아마 자식들도 지방에 있는 집은 상속 받지 않으려 할 것이다. 물론 서울은 예외다.

⭐ 결론

앞으로 부동산도 극도의 양극화가 될 것이다. 부동산 투자에 신중해야 할 이유이며, 혹시 투자를 하더라도 여러 요소들을 잘 따져야 한다.

09장

주식, 부동산 중 서민들이 공략해야 할 지점은?

부동산의 장단점

주식과 부동산은 가장 대표적인 재테크 상품들이다. 대부분의 투자자들이 이 두 개 중 하나에 투자한다. 보통은 쏠림현상이 심해서 부동산을 선호하면 부동산에만 투자하고, 주식을 선호하면 주식에만 투자한다. 야구팬과 축구팬들이 서로의 경기에는 관심도 없고 재미도 없다고 말하는 것처럼 말이다. 하지만 투자는 재미로 하는 게 아니므로, 혹시 내가 관심도 없고 재미도 못 느끼더라도 내 돈이 걸린 만큼 둘의 장단점을 다시 한 번 따져보고, 바꿀 수 있다면 바꿔보기를 추천한다. 이번의 관심 이동이 먼 훗날에는 크나큰 차이로 나타날 수 있다.

그럼 이 둘의 장단점을 비교해 보자. 먼저 부동산이다.

부동산의 장점

- 등락이 없어 마음이 편하다.
- 레버리지가 매우 쉽다.
- 수익률 극대화가 쉽다.

부동산은 일단 사놓으면 가격노출이 되지 않는다. 서울의 강남 아파트 정도만이 경제신문 부동산 면에 가끔 나올 뿐이다. 어제와 오늘 내일의 가격을 알 수가 없으므로 가격이 떨어지는 것에 대한 두려움이 덜하다.

게다가 레버리지도 너무 쉽다. 전세가는 매매가의 2/3 정도다. 아주 급등한 경우가 아니라면 현금으로 매매가의 1/3 정도만 들고 있어도 아파트를 살 수 있다. 지방에서는 오래된 소형 아파트를 경매로 받으면 무피투자도 가능하다. 경매로 아파트를 사면 경락잔금 대출이 가능해서 지방 농협, 수협, 신협 등에서 최대한 대출을 뽑을 수가 있다. 월세를 놓으면 보증금을 받아 원금을 챙기고 월세로 이자를 까나갈 수 있다. 그러니 부담도 없다.

이렇게 전세, 갭투자, 무피투자 등을 하면 수익률은 극대화 된다. 예를 들어 1억짜리 지방의 아파트를 사는 데 경락잔금 대출로 80%를 땡겨서 8,000만 원을 제하고 나면 2,000만 원이 남는데 1,000만

원 정도를 월세 보증금으로 넣으면 내가 들어가는 돈은 1,000만 원 내외이고 월세로 8,000만 원에 대한 이자를 까나가다가 만약 2억 원으로 올라서 팔았다면 1,000만 원 들어가서 1억 원을 버는 투자가 된다. 수익률이 거의 1000%에 가깝다.

이 때문에 주식보다 부동산 수익이 좋다는 말을 한다. 그러나 단점도 있다.

부동산의 단점

- 좋은 부동산은 사기 힘들다.
- 세입자 관리가 힘들다.
- 위기에 매도가 힘들다. 사실 평소에도 매도는 힘들다.
- 세금이 너무 높다.
- 재건축과 재개발이 안 되는 물건은 나중에 쓰레기가 된다.

일단 좋은 부동산을 사기 힘들다. 지방의 오래된 소형 부동산을 사는 이유는 돈이 부족하기 때문이다. 부동산 하면 서울 강남이 최고다. 누구나 알지만 서울의 부동산 가격이 만만치 않다. 웬만하면 10억 이상이다. 그러니 서울에 아파트를 사려면 최소 몇 억은 있어야 한다.

그러나 서울의 아파트도 사실 좋은 것은 아니다. 세계적으로 본다면 순위가 한참이나 밀린다. 반면 주식은 세계 1등도 살 수 있다. 세계 1등 부동산을 사려면 4,200억 원이 있어야 한다.

좋은 부동산에는 좋은 세입자가 있다. 그러나 나쁜 부동산에는 나쁜 세입자가 있다. 부동산 가격이 낮고 오래 될수록 속썩이는 세입자가 살기 마련이다. 월세 안 내는 세입자, 진상 세입자 등이 상대적으로 많다.

서울에 좋은 아파트를 사면 이런 걱정은 어느 정도 덜 수 있다. 왜냐하면 전세가가 오르기 때문에 세입자가 집주인에게 함부로 전화를 하지 않는다. 혹시 집주인과 말을 섞었다가 "집을 빼달라", "전세 올려달라" 하면 큰일이기 때문에 전화도 자주 하지 않고, 전화를 했더라도 진상은커녕 공손하기만 하다. 그러나 공실이 많고 오래된 부동산은 세입자가 갑이다. 집주인에게 진상을 부려도 쫓겨날 걱정은 훨씬 덜하다.

부동산은 위기에 매도가 어렵다는 단점도 가지고 있다. 2008년 금융위기 이후 집값이 떨어지며 대량의 하우스푸어들이 양산되었을 때, 매도가 되지 않아 어려움을 겪는 경우가 태반이었다. 대부분의 부동산은 인기지역이 아니라면 평소에도 매도가 쉽지 않다.

전세와 대출이라는 레버리지도 걱정이다. 집값이 떨어지면 전세금 일부를 오히려 돌려줘야 하고, 대출은 원금을 갚아야 한다. 구조상 실투자금이 적을수록 부담해야 할 레버리지는 더 커진다. 그런데 위기상황이 아닌가? 돈 나올 구멍이 없다.

게다가 다주택자는 더 문제다. 일시에 전세가 빠지거나 대출만기가 몰리면 몇 억대의 돈이 필요한데 돌려줄 돈이 있을 리 없다. 전세금 반환소송이 들어오면 법정이자 12%를 꼼짝없이 물어야 하고, 대출원금 상환을 하지 못하면 경매로 넘어간다. 이러면 그동안 벌었던 돈을 한 번에 날리고 신용불량자로 전락할 수도 있다.

부동산은 세금도 너무 높다. 한국주식이 아직까지는 10억 원 이하 양도세가 면제고 해외주식도 금액에 관계없이 연간 22%인데 비해 부동산 세금은 터무니없이 높다. 1억 5천만 원~8,800만 원 구간은 35%의 세금을 뗀다. 그마저도 다주택자가 아닌 상태에서 3년 이상 보유했을 때다. 다주택자는 60~70%의 세금을 때린다.

세금 혜택을 제대로 받으려면 2008년 금융위기 정도의 후폭풍이 있어야 한다. 그러나 이때는 세금이 아니라 원금상환과 파산이 문제가 된다.

가장 유리한 사람은 1주택자이면서 3년 이상 보유해서 세금을 최대한 적게 내거나 안 내고 인기지역에 있으면서 아파트가 급등해 양도차익이 큰 경우다. 큰 돈을 벌고 엑시트한 상태라면 해피하다.

현재는 재건축, 재개발이 활발하다. 그러나 앞으로 10년 정도만 지나면 부동산은 정점을 지날 것으로 보인다. 10년 후면 베이비붐 세대의 은퇴가 완료되고 X세대의 본격적인 은퇴가 시작되면서 재건축, 재개발이 힘들어질 것이기 때문이다.

지금은 베이비붐 세대, X세대 때문에 많은 집이 필요한 시기지만 앞으로 10년 후라면 서울의 인기지역을 제외하고는 재건축 재개발을 군이 할 필요가 없어질 것이다.

1년에 100만 명씩 태어나던 베이비붐, X세대가 은퇴를 하면, 2인 가구 혹은 1인 가구로 변한다. 군이 32평 아파트가 필요치 않다. 은퇴하면 분담금을 낼 돈도 없고 그렇게 큰 집도 필요하지 않다. 게다가 분양 받을 사람은 인구가 1/3 정도로 줄어든 세대이므로 재건축, 재개발 수요가 줄어든다.

재건축, 재개발을 하지 못하고 30년이 넘어가는 부동산은 쓰레기가 된다. 오히려 짐이 될 수 있다.

주식의 장단점

주식의 장점

- 좋은 주식을 살 수 있다.
- 언제든지 팔 수 있다.

- 썩지 않는다.
- 배당을 잘 받을 수 있다.
- 세입자 등 괴롭히는 사람이 없다.

투자자는 언제라도 좋은 주식, 세계 1등 주식을 살 수 있다. 돈이 부족해 좋은 부동산을 살 수 없다는 말은 말이 되지만, 돈이 부족해 1등 주식을 살 수 없다는 말은 말이 되지 않는다. 세계에서 가장 좋다는 마이크로소프트도 한 주에 60만 원이 넘지 않고 제아무리 미국이라도 만 원 단위 주식도 허다하다.

부동산이 밀가루 반죽이라면 주식은 밀가루다. 주식은 가격을 쪼개 놓았기 때문에 마이크로소프트, 애플, 구글 등도 1주당 30만 원이 넘지 않는다. 우량한 주식을 마음만 먹으면 살 수 있다는 것이 주식의 가장 큰 장점이다. 그럼에도 불구하고 대부분의 사람들은 잡주를 좋아한다. 좋은 주식은 많이 오르지 않고 천천히 오른다는 편견 때문이다. 대형주는 몸집이 무거워 천천히 오르는 맛은 있겠지만 그 속도가 더디므로 투자할 맛이 나지 않는다고 생각한다.

주식은 위기가 오더라도 언제든지 팔 수 있다. 주가가 빠져서 속 태울 일은 있어도 현금화가 되지 않아서 속 태울 일은 없다. 물론 거래량이 현저히 적은 잡주는 2008년 금융위기 같은 폭락장을 만나면 팔 새도 없이 하한가에 박히기도 하지만, 이런 일은 거의 일어나지 않는다.

주식은 아무리 오래 되어도 썩지 않는다. 따라서 부동산처럼 재건축, 재개발이 안 될까봐 속 썩을 일이 없다. 월세를 못 받을까 걱정하지 않아도 된다. 애플, 마이크로소프트, AT&T, 삼성전자가 배당금 안 줄까 걱정할 필요가 없다. 부동산처럼 세입자 등 때문에 괴로울 필요가 없다. 주식은 마음에 들지 않으면 팔고 떠나면 그만이다.

주식의 단점

- 레버리지를 쓰기 힘들다. 따라서 부동산에 비해 수익률 극대화가 힘들다.
- 가격 등락이 심하다.

주식은 주택담보대출처럼 1년, 5년 이렇게 장기로 빌릴 수 없다. 물론 주식에서도 레버리지를 쓸 수는 있다. 신용대출도 가능하고, 3배 레버리지도 가능하다. 까딱 잘못하다가 반대매매를 당해 깡통을 차는 경우도 있다. 하지만 부동산처럼 레버리지가 일반적이지는 않다. 레버리지를 쓰지 않고도 살 수 있기 때문이다.

주식은 가격 등락이 심해 마음 고생이 이만저만이 아니다. 호가창을 안 보면 그만이라지만 눈에 보이는 가격을 안 볼 수 없다. 눈앞에서 손실이 왔다갔다하면 마음도 들썩거린다. 지속적으로 떨어지기만 하는 주식을 만나면 하루하루 일상생활이 망가지고 만다.

한국주식에 투자하면서 장기적으로 떨어지기만 하는 종목을 만나기란 그리 어렵지 않다. 그 예를 들자면 끝이 없다. 대표주라는 SK하이닉스부터 10년 동안 역주행한 현대차, HMM, 포스코, OCI, LG디스플레이, KT, 삼부토건 등 밤을 새도 다 셀 수 없다. 우량주식에 오래 투자한다고 하여 수익이 난다는 보장은 어디에도 없다.

어떤 주식과 부동산에 투자해야 할까?

- 성향
- 돈
- 헤지

투자 방향은 자신의 성향이 어느 것과 맞는지에 따라 결정해야 한다. 5%만 떨어져도 심장이 터질 것 같다면 등락이 심한 주식과 맞지 않는다. 수명만 짧아질 뿐이므로 이런 경우라면 부동산이 좋다.

상대적으로 가격 등락에 민감하지 않고 의연한 대처가 가능하다면 주식에 투자해도 된다. 물론 심장이 약한 사람도 떨어질 때마다 리밸런싱을 한다면 상대적으로 스트레스가 크지는 않을 것이다.

가진 돈이 많다면 강남 부동산과 같은 우량자산에 투자하는 것도 좋다. 등락이 심하지 않고 꾸준히 우상향 하니 말이다. 그러나 가진 돈이 적은데 돈에 맞춰서 지방의 소형, 오래된 아파트를 사는 것은 반대다. 돈이 없을수록 세계 1등 주식을 사서 복리로 수익률을 올리는 게 더 좋다.

부동산이 위험한 이유는 위기가 왔을 때 헤지가 안 되기 때문이다. 강남에 있는 부동산일수록 위기일 때 더 많이 떨어진다. 강남 부동산은 위기에도 거래가 되기 때문에 실거래가가 찍힌다. 실거래가가 뜨면 떨어진만큼 여유자금이 있어야 원금상환을 할 수 있다. 그러니 좋은 부동산일수록 위기에 큰 돈이 필요하다.

반면에 주식은 떨어질 때 리밸런싱과 -3% 법칙을 이용하면 헤지가 가능하다. 물론 잡주는 예외다.

⭐ 결론

돈 많은 부자는 부동산, 주식 어느 것도 상관 없다. 좋은 것만 사면 된다. 그러나 돈 없는 서민은 세계 1등 주식을 사서 위기 때 헤지를 하며 매년 복리로 자산을 불리는 것이 최선이다. 가장 좋은 것을 살 수 없는 부동산보다 가장 좋은 것을 살 수 있는 주식이 좋다는 의미다.

1948년 12월 10일. 유엔 총회의 결의로 세계인권선언이 통과되었다.

"모든 사람은 태어날 때부터 자유롭고 존엄하며 평등하다. 우리는 천부적으로 이성과 양심을 부여받았으며 서로 형제애의 정신으로 행동하여야 한다."

유엔은 세계인권선언에서 모든 사람은 태어날 때부터 자유롭고 존엄하며 평등하다고 강조한다. 그래서 우리 또한 '사람은 평등하다'는 의식을 가지고 산다. 특히 한국 사람들은 평등의식이 강해 갑질을 하는 대기업 사장, 백화점 고객, 대리점주를 보면 참지 못한다.

그런데 사람은 과연 태어날 때부터 자유롭고 존엄하며 평등한가?

자유란 내가 선택권을 가지고 있을 때 느낄 수 있는 감정이다. 쉴 수 있을 때 쉴 수 있고 하고 싶은 일을 하며 스스로 생활방식을 선택할 수 있을 때 자유롭다. 반대로 선택권이 없으면 자유도 없다. 안타

깝게도 대부분의 사람들은 선택권(자유)이 없거나 매우 제한적이다. 자본주의에서 자유란 경제적 자유에서 나오기 때문이다.

존엄도 마찬가지다. 왜 우리가 갑질을 당하고 더럽고 아니꼬와도 직장에 다니는가? 모두 경제적인 이유 때문이다.

> **이완재 SKC 사장, 직원과 평균 급여 차이 189.7배…"격차 1위"**
>
> 지난해 국내 주요 대기업 경영자들 평균 연봉이 직원들 평균치의 21배가 되는 것으로 나타났다. 최고경영자와 직원 평균 급여 격차가 가장 큰 곳은 189.7배인 SKC였다.
>
> _ 2022년 3월 29일자 inews24

평등은 또 어떤가? 대기업 경영자와 직원들의 연봉이 21배 차이가 나며 가장 격차가 큰 곳은 약 190배였다.

영국의 경제학자 리카르도는 분업은 공장 노동자와 마찬가지로 국가들 사이에서도 적용되어야 한다고 했다. 영국이 석유산업을 전문화하고 포르투갈이 포도주를 전문화한다면 국제적인 분업이 된다고 했다. 그리고 두 나라가 교역을 했을 때 양국 모두 부자가 된다고 했다.

그러나 과연 그런가? 이 학설은 노동과 자원의 완전한 효율적 이용을 전제로 했다. 그리고 거래는 군사력의 위협을 받지 않고 평화적이며 공정하다고 전제한다. 그러나 세상은 불평등하며 공정하지도 평화적이지도 않다.

예를 들어 중국인이 막대한 돈을 들여 원자재가 풍부하지만 가난한 나라에 빌려주고 그 돈으로 항구와 도로를 짓는다. 그러나 가난한 나라는 돈을 갚을 능력이 없다. 이에 중국은 이자 대신 원자재를 착취하고 항구를 빼앗는다. 그것이 중국이 말하는 일대일로다.

가난한 나라의 통치자는 중국 자본에 매수되어 원주민의 착취를 눈감고 법률을 바꾸고 항구의 조차권을 인정하고 원자재의 반출을 돕는다. 세상은 과연 평등하고 공정하며 평화적인가? 국가와 국가도 이렇게 불평등한데 기업과 개인은 더하면 더했지 덜하지 않는다.

마르크스는 생산수단을 소유한 자본가가 노동자를 착취한다고 했다. 그래서 국가가 생산수단을 빼앗으면 노동자가 세상을 지배하는 사회가 된다고 했다. 그러나 공산당이 빼앗은 생산수단은 공산당의 것이 되었고, 노동자는 자본주의보다 더 많은 착취를 당했다.

마르크스가 착각한 것은 바로 소유자와 경영자였다. 자본주의가 발달하고 기업이 커짐에 따라 소유자보다는 경영자의 힘이 더 커졌다. 생산양식이 더 복잡해져 전문경영자가 아니라면 기업 전체의 운영을 알 수 없어졌기 때문이다.

따라서 현재의 주주 자본주의에서 소유자는 주주이지만 경영에 참여하지 않는다. 소유자의 지분은 쪼개지고 나누어지면서 힘이 약해졌고 회사의 실무는 거의 알지 못하게 된다. 기업에 관한 모든 것은 전문 경영자가 장악하게 된다.

공산주의 국가의 관료는 전문경영자격이며 그들은 수많은 노동자를 착취한다. 즉 공산주의에서도 관료는 경영자이지 소유자가 아닌 것이다. 곧 경영자가 지배자이다.

미국의 전 재무장관인 마이클 블루멘덜은 이런 말을 했다.

"중요한 것은 회사를 소유하는 것이 아니라 회사를 지배하는 것이다. 내 주식은 8천 주에 불과하지만 97%의 주주로부터 위임장을 받았다. 나에게 중요한 것은 회사의 지배권이다."

우리나라 대기업 총수도 이와 비슷하다. 주식 수가 적어도 경영권이 있으면 회사 지배가 가능하다.

그렇다면 경영자는 회사에서 무엇을 장악한 것인가? 회사를 관리하고 명령을 내리고 지휘를 하며 직원에게 처벌을 내린다. 소위 권력이다. 그리고 경영자가 장악하고 있는 가장 중요한 것이 있다. 이름하여 잔여수익청구권. 잔여수익청구권이란 무엇인가?

애플의 2022년 1분기 영업이익은 무려 31조 9,000억 원이다. 이 돈을 어떻게 나눌지를 결정하는 것이 바로 잔여수익청구권이다. 막대한 영업이익을 배당으로 줄지 연구개발비로 책정할지 임금을 올려줄지 결정하는 것은 기업을 장악한 경영자의 몫이다.

경영자 아래 임원을 비롯한 모든 직원에게는 잔여수익청구권이 없다. 그들의 연봉은 같은 직종 다른 회사 직원들의 급여 수준에서 결정된다. 잔여수익청구권은 경영자의 몫이지 근로자의 몫이 아니다.

즉 근로자에게 돌아가는 초과이익은 효과적으로 차단된다. 그러나 경영자의 몫에는 한계가 없다. 물론 미국과 같이 이사회를 장악한 기업사냥꾼이 배당을 더 많이 타내기는 하지만 대부분 잔여수익청구권은 경영자가 결정한다. 한국은 아예 배당조차 하지 않는 기업도 많다.

⭐ 결론

자본주의에서 자유, 존엄, 평등은 돈에서 나온다. 돈은 경영자가 분배한다. 따라서 경영자가 아닌 월급쟁이의 몫은 항상 적을 수밖에 없다. 결국 적은 돈을 받는 월급쟁이는 선택도 자유도 존엄도 평등도 없다.

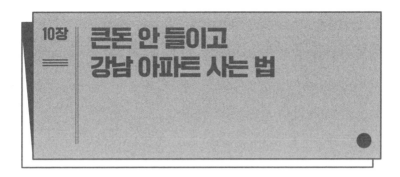

10장 큰돈 안 들이고
강남 아파트 사는 법

한국과 미국의 주택담보대출 차이

주택담보대출에서 미국과 한국은 차이가 있는데, 미국은 30년 장기 모기지 금리에 원리금 분할상환 방식인 반면, 한국은 단기 모기지 금리에 이자만 갚아나가다 만기에 대출을 연장하는 원금 일시상환 방식이다. 그래서 민간금리 지표로 미국은 미국채 10년물 금리, 한국은 3년물 금리를 쓴다.

미국과 한국의 차이는 '장기조달금리를 은행이 해줄 수 있는가?'에서 발생한다. 미국은 최장기 국채인 30년물을 발행한다. 30년물을 발행해도 사줄 주체가 있다. 미국 내에서도 소화가 가능하고 미국 이외의 나라에서도 가능하다.

현재 미국 국채는 30년물이 최장기물이다. 연방정부의 부채가 1

조 달러까지 불어난 상황에서, 기간이 더 긴 저금리 초장기물을 발행해 상환부담을 덜겠다는 목표를 가지고 있다. 일단 저금리 상황에서 50년물, 100년물을 발행하려고 했으나 성공하지 못했다. 아무리 미국이라지만 50년, 100년까지 믿어주기는 힘들었나 보다. 반면 한국은 미국과 같은 장기국채 발행을 꿈도 꿀 수 없다.

시중은행이 자금을 조달할 수 있는 여건으로 볼 때 미국과 한국은 천양지차다. 따라서 미국은 10년물을 기초로 금리가 결정되고 한국은 3년물을 기초로 금리가 결정된다. 또한 미국은 30년물 모기지(주택담보대출)에 고정금리가 가능하지만, 한국은 대부분 5년 모기지에 변동금리 원금 일시상환으로 가는 것이다.

한국에서도 일부는 고정금리에 장기분할상환이 있기는 하지만 일반적이지는 않다. 한국 정부도 미국처럼 30년 고정금리에 분할상환을 하고 싶어 장기금리로 유도한다. 그러나 시중은행들이 조달을 단기로만 할 수 있어, 단기로 돈을 빌려 장기로 빌려주다가 위기가 오면 1997년 IMF 위기를 다시 겪을 수도 있다.

정부가 아무리 장기금리를 유도해도, 은행이 망할 위험을 감수하면서까지 장기주택담보대출을 하려 하지 않는다. 지극히 일부를 제외하고는, 대부분 5년만기 일시상환에 변동금리이며 5년 후에는 원리금 일시상환에 매년 만기를 연장해야 한다.

위기가 오면 대출은 표정을 바꾼다

평소 대출은 무표정하지만, 위기가 오면 갑자기 무서운 얼굴로 바뀐다. 2008년 금융위기처럼 위기가 오면 변동금리가 많은 한국의 대출은 짧은 만기가 돌아오면 재조정을 통해 근엄한 얼굴로 일시상환을 요구한다.

1997년 IMF를 되돌아보자. 우리나라 종금사들은 주로 일본에서 저금리인 엔화자금을 단기로 빌려다가 동남아에 장기로 빌려줬다. 그런데 갑자기 아시아 금융위기가 터지면서 일본의 단기자금 만기 연장이 불허되고 회수가 진행되면서 문제가 생겼다. 장기로 빌려준 동남아에서는 돈을 받을 수 없고 일본에 돈을 내줘야 하니 결국 디폴트가 난 것이다.

이치는 비슷하다. 위기가 오면 한국의 주택담보대출을 받은 사람들은 1997년 한국과 같은 처지가 된다. 위기는 아파트부터 온다. 대부분의 사람들은 아파트를 안전한 부동산으로 알고 있지만, 안전만 본다면 빌라나 상가가 더 안전하다. 빌라와 상가는 위기가 오고 만기가 도래해도 기준 가격이 없기 때문에 대출담당자가 대출 회수에 소극적이다. 추가로 보험을 들거나 카드를 만들거나 원금 일부상환 (약 500만 원) 등으로도 대출을 연장할 수 있다.

그러나 아파트는 그렇게 할 수 없다. KB아파트 시세라는 기준가격이 있기 때문이다. 아파트는 마트의 상품처럼 가격이 투명하다. 하지만 가격이 투명하고 정해져 있다는 사실 때문에 위기에 치명적이다. 위기가 왔을 때 만기가 도래한 아파트는 아파트 가격이 떨어진만큼 일시에 갚아야 한다.

가장 많이 오른 아파트가 가장 위험하다

위기에는 그동안 많이 오른 아파트가 가장 위험하다. 예를 들어 강남 아파트다.

KB은행에서 PB고객들을 대상으로 10억 원 이상 부자들에게 '어떻게 부자가 되었는지'에 관한 설문조사를 실시했다. 70% 이상이 사업으로 부자가 되었다고 한다. 이들이 주로 갖고 있는 자산이 바로 강남 아파트다.

그런데 위기가 오면 직장인들과는 달리 사업자들은 부도의 위험에 노출된다. 싼 이자로 빌린 엔화와 달러 대출은 환율이 오르면서 부담이 천정부지로 치솟는다. 2008년 금융위기 때는 1,100원이던 달러/원 환율이 1,600원까지 치솟았고, 2022년에는 위기가 오지 않았음에도 위기가 올 수 있다는 위기감 하나로 1400원대 중반을 찍었다. 위기가 오면 수출도 되지 않고, 직원 월급도 밀린다. 결국 환금성 좋은 아파트를 내놓을 수밖에 없다. 그래서 위기가 닥치면 강남 아파트부터 매물이 쏟아지면서 떨어지는 것이다.

우리나라에서 사업을 하는 사람들은 부도를 맞아본 적이 없는 사람들이다. 몇 번의 부도를 맞고도 재기하는 경우가 더러 있지만 한국에서 흔한 일은 아니다. 실패자라는 낙인이 찍히기 때문이다. 그러다 보니 사업가 치고 위기에 능숙하게 대처하는 경우가 많지 않다.

또한 판단력도 문제를 일으킨다. 돈을 밀어 넣어서라도 살려내야 할지, 아니면 돈을 아무리 밀어 넣어도 결국은 부도를 맞을지 판단이 서지 않는다. 그래서 부도 몇 번 맞은 사람들은 아예 사업 초기부터 자기 명의로 재산을 만들어 놓지 않고, 모두 와이프, 자녀 이름으로 돌려 놓는다. 혹시 망해도 혼자 망하겠다는 것이다.

'38세금 기동대' 같은 TV프로그램을 보면 세금을 몇 백억 밀리고도 호화아파트에서 이혼한 부인과 같이 살다가 걸리는 경우가 종종 나온다. 부도를 몇 번 맞아본 사람이 향후 일어날 부도를 염두에 둔 판단이다. 그러나 이것도 위험이 없진 않다. 와이프가 재산 들고 도망가면 끝이기 때문이다.

이처럼 예외도 존재하지만 사업을 하는 대부분의 사람들은 본인 명의로 사업체와 부동산 등의 재산을 소유한다. 그러다가 금융위기를 맞고 결국 강남 아파트를 내놓으면서 사업도 부도가 나고 경매로 아파트도 날아가는 것이다.

내 돈 한 푼 안 들이고 어떻게 강남 아파트를 살 수 있는가?

강남 아파트를 사기 위해서는 먼저, 위기가 왔을 때 현금화할 수 있는 자산에 투자하고 있어야 한다. 그리고 한국의 부동산이나 주식처럼 움직이는 방향이 강남 부동산과 같아서는 안 된다. 부동산은 위기가 오면 거래조차 되지 않고, 원금상환 때문에 낭패를 당한다. 주식은 부동산보다 더 빨리 더 많이 떨어진다. 즉, 원화자산에 투자했다가는 기회를 잡을 수 없다는 의미다.

결국 한국 원화와 반대로 가는 자산에 투자해야 한다. 평소 꾸준히 오르는 미국주식에 투자하면위기 시 환율 효과까지 더해져 강남 아파트가 떨어질 때 내 자산은 증가하는 기회를 잡을 수 있다.

강남 아파트에 입성하기 위한 구체적 시나리오

좀 더 구체적인 시나리오를 짜보자.

2008년 금융위기가 왔을 때 강남의 아파트는 30% 조정을 받았고, 조정과 반등 시기도 빨랐다. 30% 조정 이후 2009년에 바로 바닥을 찍고 올라가 버렸다. 하지만 향후 조정이 언제까지 얼마나 진행될지는 장담하기 어렵다. 다만 강남의 부동산도 세간에 알려진 불패신화와는 딴판으로 충분한 조정이 이뤄진다는 사실에 초점을 맞취야 한다. '강남 아파트도 30%는 떨어진다. 더 큰 위기가 오면 더 떨어질 수도 있다.' 이렇게 마음의 준비를 하고 있어야 한다.

드디어 위기가 와서 강남 아파트가 30%의 조정을 받는다. 반면 달러자산은 50%~300%가 오른다. 예를 들어 2008년 금융위기 때는 환율이 1,100원에서 1,600원으로 50%가 뛰었고, 1997년 IMF 위기에는 700원에서 2,000원까지 3배 뛰었다. 미국 주식에 투자하면 현금화가 용이하므로 환율이 급등하면 주식을 팔아 언제든지 달러를 원화로 바꿀 수 있다.

이처럼 강남 아파트가 하락하고, 달러자산이 상승하는 때가 오면, 강남 아파트를 경매로 사되 시세대로 산다. '경매로 시세보다 싸게 사는 게 아니었느냐?' 의문을 가질 수 있는데, 이는 착각이다. 2000년 이후 경매는 대중화되었고 시세보다 싸게 살 수 있는 기회는 2000년대 초반에 다 없어졌다. 그러니 경매는 시세대로 사는 것이다. 시세대로 낙찰가를 쓰면 어렵지 않게 낙찰된다.

세입자도 못 보고 집 안도 못 보고 명도도 해야 하는데 왜 경매로 사야 하는가? 바로 '대출' 때문이다. 경락잔금 대출은 90%까지 나온다. 그러니 경락잔금 대출로 시세의 90%를 땡기고 월세 보증금을 많이 높여서 월세를 놓는다. 그리고 월세로 이자를 까 나가면 된다.

부동산이 오르는 때와 위기가 왔을 때를 비교하면 안 된다. 부동산 호황기에는 대출을 옥죄고 팔 때도 60~70%씩 세금을 물리지만,

위기가 오면 대출도 다 풀리고, 양도세를 면제해주는 파격적인 세금 조치까지 취한다. 1997년 IMF 때 그랬고 2008년 금융위기 이후 그랬다. 2023년 이미 많은 규제가 풀린 상태다. 앞으로 더 풀릴 일만 남았다.

웬만한 아파트 매물도 경매만큼 떨어지지 않는다. 그러니 경매법정에서 시세대로 낙찰을 받으면 된다. 시세보다 싸게 사면 좋기야 하겠지만 전략과 계획을 가지고 미래를 보고 하는 행동이므로 이 문제는 받아들이기로 한다. 왜냐하면 앞으로 경기는 다시 풀리고 강남 아파트는 오를 것이기 때문이다.

예를 들어 30억의 30%인 9억이 떨어져 21억에 강남 아파트를 낙찰 받았다면 대출은 18억 9천만 원까지 받을 수 있다. 대출이 되지 않는 10%(2억 1000만 원)와 취등록세, 공과금, 경비 등을 합쳐 내가 들인 돈은 2억 5천만 원이다. 이 돈으로 강남 아파트를 산다. 여기서도 한 번 더 전략을 발휘해 2억 5천만 원 보증금에 월세를 놓아 대출이자를 까나간다. 이렇게 하면 들어가는 돈은 0원이다.

현금 2억 5천만 원은 미국주식을 현금화해 마련한다. 가장 타이밍 좋게 현금화 하는 방법은 바로 리밸런싱과 말뚝박기다. 리밸런싱을 하지 않는다면 현금화 자체를 할 수 없다. 위기가 오면 미국주식도 50% 빠진다. 50% 빠진 주식을 팔아서 강남 아파트를 산다는 것은 너무도 뼈아프다. 그러니 꼭 리밸런싱을 통해서 현금화를 하고 현금화한 달러를 원화로 바꿔 강남 아파트 잔금을 마련한다.

강남에 아파트를 산 이후 전략은?

강남에 아파트를 산 이후에도 할 일이 남았다. 경기가 풀리면 반드시 전세가가 올라갈 것이다. 그러면 월세를 전세로 돌리면서 대출을 갚는다. 전세가가 내가 받은 낙찰가를 넘어서 올라갈 것이다. 즉, 21억 원을 넘어가는 전세가가 형성된다는 의미다. 그리고 매년 1억 이상씩 상승할 것이다.

전세가 상승하면 들어온 돈의 일부는 종부세, 재산세를 내고 그래도 남는다면 미국주식인 세계 1등주에 투자한다. 위기 뒤에 가장 빨리 오르는 자산은 바로 세계에서 가장 좋은 주식인 1등 주식이다. 그리고 정부의 규제가 옥죄어오면 적당한 시기에 1주택으로 처분해서 세금을 최소화한다.

⭐ 결론
세계 1등 미국주식에 투자하고 리밸런싱을 해야 위기에 강남 아파트를 살 기회가 생긴다. 꼭 기억하기 바란다. 물론 이렇게 자세히 얘기해도 대부분은 귓등으로 듣겠지만 말이다.

11장

부동산, 금리인상보다 경기침체가 더 문제

2022년부터 세간의 관심은 온통 금리인상에 쏠렸다. 미연준이 최종 금리를 과연 얼마까지 올릴 것인지, 이번 달에는 몇 퍼센트의 금리를 올릴 것인지, 금리인상이 멈추는 시기는 언제인지, 이번의 금리 동결이 과연 일시적인지 아니면 금리 피크를 찍은 것인지, 하나하나를 두고 주가가 요동을 치고, 그에 따른 분석글들이 수없이 쏟아져 나왔다.

그러나 이렇게 뜨거운 금리에 대한 관심과는 별개로 부동산에 있어서 정말 중요한 포인트는 경기침체라 하겠다. 금리인상보다 경기침체가 더 문제인 이유는 경기침체가 오면 부동산이 떨어지기 때문이다. 부동산은 그만큼 경기침체에 직접적으로 반응한다. 하나 하나 따져보자.

2008년 금융위기 이후 미국 주식의 바닥은 2009년 3월이었다.

이미 2008년 10월에 50%까지 빠지고 2009년 3월에 바닥을 찍고 그 이후 우상향했다. 주가는 항상 선반영이다. 이때도 그랬다. 당시에는 제로금리, 양적완화로 연준이 주가를 밀어 올려준 경향이 있었다. 그래서 더 빨리 주가가 올랐을 수도 있다.

2018년 10월 금리를 올렸을 때도 금리 발작을 일으키며 나스닥이 24% 떨어졌다. 그러나 연준의 금리는 겨우 2.25% 정도였다.

그러나 이번은 다르다. 75bp를 올리는 빅스텝을 4번 연속 단행했고, 이후에도 50bp, 25bp씩 계속 올렸다. 2024년 3월 현재 현준의 기준금리는 5.5%다. 금리가 정점을 찍은 건 확실하지만 아직 인하가 시작되지는 않았다.

인플레이션에 따른 기준금리 인상 악재가 주가에 모두 반영이 되었는지는 아직 알 수 없다. 그러나 연준이 금리를 인하하면 미국 주식은 로켓처럼 솟아 오를 수도 있다.

문제는 한국주식과 부동산이다. 한국주식은 미국처럼 전고점을 뚫고 올라가기보다는 2500에서 3000 사이를 오가며 박스피로 갈 가능성이 크다. 1000에서 10년간 횡보, 2000에서 10년간 횡보하고 다시 2000에서 3000을 10년간 횡보한다는 뜻이다. 2021년 6월 고점에 산 개미는 당분간 본전을 기대하기 어렵다.

경기침체가 오면 부동산의 미래는?

더 큰 문제는 부동산이다. 경기침체가 오면 부동산은 끝장이다.

경기침체가 오는 이유는 현재 연준의 스탠스 때문이다. 연준은 인플레이션을 잡으려면 소비심리를 죽이고 실업률을 높여서 경기를 침체시키는 것이 최선이라 생각하고 있다. 이는 신흥국에 쥐약이다. 특히 한국의 영끌족은 초비상이다.

미국의 연준이 금리를 올리면 한국도 따라 올려야 한다. 그러나 한국과 미국의 기초체력이 다르다. 그래서 연준이 75bp를 올리는 와중에도 한국은 25bp밖에 올리지 못했고, 연준이 금리를 올리는 상황에서는 우리는 3번 연속 금리를 동결했다. '현재 금리도 미국 5.5%대 한국 3.5%다(2024년 3월 기준).

한국은 기준금리를 안 올리지 않았다. 올리고 싶지만 올리지 못했다는 표현이 더 맞다. 이유는 환율이 치솟기 때문에 금리를 올려야 하지만 가계부채 때문에 더 많이 올리지 못하는 것이다.

환율이 치솟으면 수입물가가 비싸진다. 특히 에너지 가격이 올라 인플레이션을 잡기가 더 어려워진다. 인플레이션을 잡으려면 당연히 미국처럼 금리를 올려야 한다.

그러나 우리나라의 현실은 걱정 한가득이다. 한국의 가계부채는 GDP 대비 104%로 여전히 세계 1위다. 금리를 올리면 올릴수록 부채라는 트리거의 방아쇠가 당겨지며, 부동산이 폭락할 가능성이 있다.

한국의 가계부채 104.3%로 1등, 이 단어만으로도 무섭지만 여기엔 전세가 빠져 있다. 전세까지 넣으면 더욱 끔찍한 수치가 나온다. 이런 상태에서 금리를 지속적으로 올리면 가계대출이 부실화되면서 은행 시스템도 무너진다. 한국판 서브프라임 모기지다.

금리가 올라가면 아파트 가격이 떨어지며 전세가도 떨어진다. 대출도 문제가 될 수 있지만 전세도 은행 시스템 붕괴의 뇌관이 될 수 있다. 금리가 올라가면 KB시세가 떨어지며 대출 만기가 돌아왔을 때 영끌족이 원리금 상환으로 큰 고통을 겪는다. 그리고 전세도 이에 못지 않다.

이미 강남의 27억원 대의 32평 아파트는 매가가 7억 원이 떨어져 20억 원에 거래가 되었다. 그리고 17억 원의 전세는 12억 수준으로 떨어졌다. 만약 영끌을 해서 27억 아파트를 전세 17억 끼고 10억 원을 갭투자했다면 전세 만기가 돌아왔을 때 애먼 전세금 5억 원을 더 갚아야 하는 상황이 온 것이다.

7억 원 떨어진 매매가는 마음은 아프지만 견딜 수 있다. 그러나 5억 원 떨어진 전세가는 현실이다.

전세금을 뺀 10억 원도 영끌이었다면 15억 원 이상의 아파트 대출이 안 나왔으니 신용대출과 자신이 모은 돈으로 마련했을 것이다. 물론 돈이 남아돌아 현찰로 지른 부자는 제외다. 문제는 영끌족이다.

이 경우 2년 후 전세가 만기되는 시점에 역전세난이 발생한다. 이미 7억 원이 매매가로 날아간 상태에서 전세금 5억 원을 추가로 물어줘야 하고, 그렇지 못하면 집이 경매로 날아갈 수 있다. 계약갱신청구권이 끝나 전세금을 많이 올렸다면 2년 후가 문제가 될 수 있다.

위기는 주식이 먼저 맞고 다음이 부동산이다. 금리를 올린다 하더라도 2년 후에 계약 만기가 돌아오고 전세금 물어줄 돈이 없으면 소송으로 갈 것이다. 전세금 반환 소송을 하면 법정이자는 기준금리와 관계없이 연 12%다. 소송을 6개월 잡고 경매에 붙이면 낙찰까지 6개월 정도 걸린다.

그러니 총 3년 후에는, 금리인상이 지속된다는 가정하에 역전세 대란이 올 수 있다. 2008년 금융위기 당시에도 주식의 바닥은 2009년이었으나 부동산은 5년 후인 2013년이 바닥이었다.

2008년에도 영끌로 집을 샀다가 집값이 떨어지고 빚이 늘어 신용불량자가 되었다는 하우스푸어의 눈물어린 기사들이 수없이 도배되었다.

부동산이 떨어지는 이유를 다양한 각도로 분석들을 하지만, 근본적인 이유는 인플레이션으로 인한 금리인상과 대출규제다.

일본은 정부부채가 문제고 중국은 기업부채가 문제고 한국은 가계부채가 문제다. 따라서 한국은행이 미국의 연준을 따라갈 수가 없다. 안 하는 게 아니고 못 하는 것이다.

만기가 돌아오는 대출은 소득이 없으면 연장을 불허하여 대출을 조일 수 있다. 대출을 서서히 조이면서 금리 인상의 후폭풍을 줄이려는 시도이다.

금리가 올라간 상태가 지속된다면 결국 2013년 하우스푸어처럼 사회문제가 될 수 있다. 금리가 올라가면 좀비기업부터 망하게 되어 있다. 좀비기업은 저금리에 겨우 연명하는 기업이다. 아무리 많은 빚을 졌어도 금리가 싸면 고용이라도 하면서 기업을 존속시킬 수 있다. 그러나 좀비기업은 가격경쟁을 일으키기 때문에 혁신기업이 자라날 수 없다. 망하느니 차라리 원가에 물건을 팔기 때문이다. 대우조선해양이 선박 저가수주를 하는 바람에 삼성중공업, 현대중공업 등이 어려워진 경우다.

그러나 글로벌 금리가 올라가면 좀비기업은 더 이상 버티지 못한다. 그리고 좀비기업만 망할까? 코로나로 자기집 담보로 가계대출 끌어다 쓴 자영업자도 망할 수 있다.

총체적인 대출 위기다. 가계 대출이 무너지면 신용위기고, 신용위기는 은행의 시스템을 무너뜨릴 수 있다.

⭐ 결론

주식은 1년~2년 이내에 바닥을 확인할 수 있으나 부동산은 5년 후가 바닥일 수 있다. 경매가 늘어나 부동산 거래량이 사상 최대라는 소식이 나오면 바닥일 가능성이 있다. 국가는 결국 부실자산을 처리하려고 대출을 풀게 되어 있다. 대출을 막아 놓으면 살 사람이 없기 때문이다. 경매에서 경락잔금 대출은 90%까지 풀 것이다. 종부세, 양도소득세 등 각종 세금도 풀 것이다. 오히려 세금 혜택을 주면 완전 바닥이라는 신호다. 이 때 부동산 매수 기회가 온다. 금리가 오르거나 고금리가 유지되는 상황에서는 대출을 줄이고 현금성 자산을 늘리자. 그것이 금리인상 리스크를 피할 수 있는 길이다.

12장 | 부동산 침체, 2008년 금융위기보다 길어진다

투자에 적극적인 관심을 갖고 뛰어든 사람이 아니라면, 경기침체가 오면 장단기 금리 차가 역전된다는 사실을 알지 못한다. 미국 국채 10년물 금리가 2년물 금리를 밑도는 금리 역전이 심화되면 경기침체 우려가 커진다.

3개월, 2년 등 단기금리는 주로 연준의 기준금리 영향을 받는다. 그러나 10년, 20년 등 장기금리는 연준과 관련이 없고, 향후 경기침체를 반영한다.

연준이 금리를 올려 노리는 것은 경기침체를 유도해 인플레이션을 잡는 것이다. 경기침체가 오면 연준은 더 이상 금리를 올리지 못한다. 금리가 이제 정점에 왔을 수 있어 조만간 금리 피크를 볼 것이다.

금리 피크가 오면 주가가 오를까? 주가는 항상 선반영이다. 그러므로 주가가 오를 수 있다. 반면 실물경기는 무너진다. 부동산 경기가 본격적인 침체의 길로 접어든다는 의미다.

2008년 금융위기의 주가 바닥은 2009년 3월이었다. 반면 부동산은 금융위기의 여파로 2013년 바닥을 찍었고 2016년까지도 바닥에서 회복되지 못했다.

상황으로 따지자면 2008년보다 이번 상황이 더 안 좋다. 2008년에는 제로금리와 양적완화를 실시하며 연준이 유동성을 풀었다. 미국의 은행들이 망하면서 직접적인 시스템 위기가 닥쳤기 때문이다. 미국은 한국과도 2008년 12월 통화스와프를 체결하여 한국이 보유 중인 미국채를 시장에 매도하지 않도록 유도했다. 스와프가 없었다면 한국은 빠져나가는 외국인들의 수요에 맞추기 위해 할 수 없이 미국채를 팔아야만 했을 것이다.

한국, 일본 등 외환보유고가 많은 나라가 미국채를 팔면 미국이 위험해진다. 미국이 여러 나라와 괜히 통화스와프를 체결한 것이 아니다. 자신들에게 필요한 조치였다는 의미다.

그런데 지금 미국은 세계 어느 나라보다 상황이 훨씬 좋다. 유례없는 속도로 금리를 올리며 긴축의 고삐를 죄어도 미국의 소비심리는 최고다. 미국의 기준금리 인상 속도를 그 어떤 나라도 따라가지 못하고 있다. 이는 미국이 기준금리를 높고 길게 가져갈 수 있는 배경이다.

2023년 3월, 연준은 또 다시 기준금리를 0.25% 올리면서 기어이 기준금리 5% 시대를 열었다. 금리피크가 멀지 않았다고 해도 5%대를 유지하다 2%대 아래로 내려오는 것은 한참이 지난 후의 일일 수 있다.

이처럼 고금리 상황이 지속될수록 부동산에는 취약이다. 따라서 부동산 하락이 이미 상당부분 진행되었다고는 하지만 아직 가야 할 길이 한참 남았을 수도 있다. 2008년보다 2배 오른 부동산이 고금리의 직격탄을 맞았기 때문이다.

예를 들어 강남의 은마아파트는 2009년 8억 7,000만 원으로 바닥을 찍었고 연준의 금리는 당시 제로금리였다. 그러나 현재 은마아파트는 2021년 25억을 찍었고 급매로 19억 원에 거래가 되었다. 연준의 기준금리는 5%대다.

제로금리였던 2008년과는 완전히 반대의 상황이다. 무엇보다 2023년부터 2018년도에 5년 고정금리로 받았던 대출이 변동금리로 바뀌면서 물건이 쏟아져 나올 수 있다.

현재의 시중금리는 결코 낮지 않다. 코로나 시대 저금리를 고려하면 지금의 금리는 상전벽해 수준이다. 빚의 역습이라는 외통수에 걸린 서민들이 너무 많다.

2008년 금융위기의 여파로 2016년 부동산이 회복을 시작할 때까지 무려 8년이 걸렸다. 2022년부터 시작된 인플레이션 위기는 이제 시작이라고 볼 수 있다. 결국 금리가 올라가면 부동산이 무너지고 금리가 떨어져야 부동산이 올라간다. 그깟 수급 아무리 외쳐보아도 연준이 금리를 올리면 부동산은 맥을 못추고 비틀거릴 수밖에 없다.

《부자 아빠 가난한 아빠》에 이런 내용이 나온다. 가난한 아빠는 집이 가장 큰 자산이라고 생각한다. 반면 부자 아빠는 집이 가장 큰 부채라고 생각한다. 대부분의 사람들은 가난한 아빠의 말을 믿는다. 그러니까 집을 샀을 것이다. 그러나 지금과 같은 금리상승기가 오면 부자 아빠의 말이 왜 맞는지 뼈저리게 느끼게 된다.

⭐ 결론

부자들의 투자는 주식이다. 워런 버핏, 일론 머스크 등 세계적인 부자는 죄다 주식 부자다. 주식은 떨어질 수는 있지만 위기에도 팔리기 때문에 탈출이 가능하다. 그러나 부동산은 위기에 팔리지 않고 레버리지까지 쓰는 게 보통이므로 원금상환과 대출이자로 파산한다. 주식은 담보대출을 절대 쓰지 말라고 하면서 왜 부동산은 담보대출이 흔할까? 말이 안 되는데 왜 모두 그렇게 행동할까? 담보대출은 금리상승기에 독이 되어 돌아온다.

뼈 때리는
팩폭

정글에서 선택받은 자

한국은 합계출산율이 2022년 말 기준 0.78명으로 출생아 수가 처음으로 7만 명 밑으로 내려갔다. 연간 출생아 수는 24만 명~ 25만 명으로 예상된다. 1971년에 107만 명이 태어났으나 현재는 그 때에 비해 1/4 토막 이하로 떨어졌다. 한국의 합계출산율은 저출산 고령화인 일본의 1.48명(2019년 기준)에 비해서도 크게 낮다. 그런 면에서 한국은 좀 극단적인 데가 있다.

산업화의 진전과 출산율의 후퇴는 자연스러운 현상이다. 농사에는 대가족이 자연스럽다. 후진국의 농사는 노동집약적이다. 노동력을 최대한 동원해야 한다. 그러니 많은 자식을 낳을수록 더 많은 노동력을 확보할 수 있어서 대가족이 자연스러운 가족형태가 된다.

그러나 산업화가 진행될수록 농촌에서 도시로 생활공간이 바뀐다. 도시에는 농촌만큼 넓은 땅이 없다. 땅이 좁은 도시는 집값도 비싸다. 좁고 비싼 곳에서 살아야 하니 대가족보다는 핵가족 체제가 된다.

공장에서는 노동력보다는 기계에 의한 작업이 많기 때문에 학력이 필수다. 최소한 매뉴얼은 알아야 생산성이 높아진다. 대가족 시절 가족이 부담하던 기능은 핵가족 체제에서는 전문적인 기관들이 분업으로 처리한다. 아이들은 학교, 노인은 요양시설에 맡겨진다.

도시화가 진행될수록 국민들은 더 건강해지고 교육 수준도 높아지고 여성이 해방된다. 여성의 해방은 곧 경제적인 독립을 의미한다. 가부장적인 농촌에서 토지의 주인은 남성들이다. 생산수단을 가지지 못한 여성은 이혼을 하고 싶어도 경제적 이유 때문에 할 수 없었다. 그러나 산업화 시대에는 육체를 쓰는 농사보다는 머리를 쓰는 일이 주된 일이다. 결국 고학력 도시여성들은 직업을 가짐으로써 경제적으로 독립할 수 있었다.

그렇다면 여성이 해방되면 왜 출산율이 낮아질까? 도시여성은 이렇게 생각한다. '아이를 많이 낳았던 시절은 많이 낳은 만큼 많이 죽었다. 그러나 지금은 의학의 발전으로 아이들이 죽지 않는다. 오히려 아이를 많이 낳으면 경력이 중단된다. 아이를 많이 낳을 필요도 없고, 적게 낳아야 내 아이가 양질의 교육을 받을 수 있고, 좋은 직업도 가질 수 있다.'

소수의 아이를 낳아서 좋은 교육을 받게 하는 것이 더 이득이다.

좋은 교육을 받게 하려면 돈이 든다. 소득은 한계가 있고 도시는 집 값이 비싸기 때문에 사실 많이 낳을 수도 없다. 결국 가족계획이 필요하다는 결론에 이르게 된다.

이대로 괜찮을까

그런데 왜 지금은 아이를 많이 낳을수록 애국자라는 칭송을 받을까? 노인부양 때문이다. 1954년 부터 시작된 베이비붐 세대와 X세대, 에코세대는 매년 80만 명 정도 태어났다. 30년 정도에 우리나라 인구의 절반인 2,500만 명이 몰려 있다.

당장은 가운데가 뚱뚱한 항아리 인구 구조다. 그러나 이들이 노인이 되면 윗쪽 머리가 큰 역삼각형 구조가 된다. 한국은 노인이 청년보다 훨씬 많은 초고령 사회가 된다.

따라서 이 노인들을 부양할 사람이 필요하다. 그런데 도시여성의 출산율은 떨어진다. 노인은 많은데 출산율이 떨어지니 부양할 청년이 부족하다. 인구 위기가 오고 있다.

애를 많이 낳을 수도 없지만 낳아서도 안 된다. 지금 아이를 많이 낳으면 부양하는 세대의 부담이 너무 커지기 때문이다. 부모를 부양하고 아이도 키워야 한다. 경제적인 부담이 상당하다. 따라서 노인만 부양하는 것이 현명한 선택이다. 결국 베이비붐 세대, X세대, 에코세대가 지나가면 문제는 끝이 난다. 다만 그 기간이 문제다.

최근에는 국민연금 파산 이야기가 나오고 있다. "지금 이대로 가면 20년 후에 국민연금이 거두어들이는 것보다 내주는 게 더 많아서 적자가 시작되고 30년 후에는 엄청나게 쌓였던 기금이 아주 급속도로 고갈이 됩니다."

정부가 정말 하고 싶은 말은, 아이를 더 낳는 것은 현실적으로 불가능하니 국민연금을 더 늦게 더 적게 주겠다는 것이 핵심이다. 파산의 속도를 늦추는 것이 국민연금의 개혁이다.

그러나 국민연금은 파산하지 않을 것이다. 원래 국민연금은 자녀세대가 낸 돈으로 노인을 부양하는 시스템이 아니라, 국가가 빚을내서(돈을 찍어서) 노인을 부양하는 시스템이다. 유럽처럼 우리보다100년 먼저 노인복지를 하던 나라에서는 이미 그렇게 하고 있다.

노인이 많은 나라는 부채비율이 올라가고 기축통화인 달러에 비해 쓰레기가 된다. 미국은 선진국이면서도 고령화와 거리가 멀다. 이민을 지속적으로 받고 있고 이민 온 히스패닉이 아이를 많이 낳고있기 때문이다.

따라서 노인이 될수록 원화보다 달러를 더 많이 가지고 있어야한다. 원화의 가치는 갈수록 떨어질 것이다.

출산율이 낮아지는 것은 재앙이 아니다. 선진국이 되면 인건비가올라간다. 웬만한 작업은 기계나 인공지능이 대체한다. 한국은 공장 자동화부문 세계 1위다. 아이를 많이 낳을수록 일자리는 더욱 부족해지고, 고급 일자리를 놓고 벌이는 경쟁만 치열해질 뿐이다.

어차피 더럽고 힘들고 기계가 대체할 수 없는 일은 외국인 노동자들이 한다. 따라서 출산율이 낮아지는 것은 당연하다. 출산율이 낮아지는 것은 합리적인 선택이고 높아져서도 안 된다.

출산율이 낮아지는 가장 큰 원인은 아이를 안 낳아서가 아니다. 결혼을 하지 않거나 해도 낳지 않거나, 낳더라도 늦게 나아서 생긴 현상이다. 사실 일찍 결혼한 커플은 2명 이상의 자녀를 낳는다.

그렇다면 자녀를 낳지 않는 사람의 가장 큰 문제는 무엇인가? 리처드 도킨스의 '이기적인 유전자'가 주장하는 내용은, 인간이 자식을 낳는 것은 나의 자유의지가 아니라 유전자가 시키는 것이다. 다윈의 자연선택설에 의하면 자연에서 살아남은 종이 그 환경에 가장 적합한 자다.

🌟 결론

우리는 환경만 바뀌었지 산업사회라는 정글에서 살고 있다. 살고 있다면 살아남은 자다. 그러나 선택받은 자는 아니다. 결국 살아남아 아이를 낳는 자가 산업사회라는 정글에서 선택받은 자가 된다. 슬프지만 이게 결론이다.

2부

마음 편히 투자하며
자동으로
부자 되는 법

13장

달러/원 환율 2000원 갈까?
그렇다면 어떤 자산에
투자해야 할까?

국민연금 기금운용위원회가 2027년까지 기금의 국내주식 비중을 14%로 줄이기로 했다. 16.3%로 정한 국내주식 비중을 5년 만에 2.3%포인트 줄이기로 한 것이다. 반면 해외주식 비중은 현재 28% 수준에서 2027년까지 40.3%로 높이기로 했다.

국민연금이 국내주식 비중을 줄이는 이유는 리스크 헤지 차원이다. 지금 우리나라는 저출산 고령화 시대를 맞이하고 있다. 노인의 비중이 높아질수록 연금을 내는 사람보다 타는 사람들의 비중이 높아진다. 이는 곧 들어오는 돈보다 나가는 돈이 많아 언젠가는 자산을 팔아서 연금을 지급해야 한다는 의미다.

자산을 팔아야 할 시점이 왔을 때 자산의 대부분이 국내주식이라면 어떤 일이 일어날까? 국민연금의 천문학적인 대량매도로 국내주식시장은 크게 떨어질 것이다. 그래서 국내주식을 미리 줄여 놓겠다는 의도이다.

어쩌면 당연하다. 세계 주식시장에서 우리나라의 비중은 4%밖에 안 된다. 국민연금의 전체 자산에서 주식 비중이 50%라면 국내주식 비중 16.3%는 너무 많다. 사실 위험분산 차원에서 총자산의 2%까지 줄여도 할 말이 없다.

국내주식 비중이 줄어도 국민연금의 자산은 줄어들지 않을 것이다. 국민연금 불입액은 당분간 지속적으로 늘어나기 때문이다.

문제는 해외주식 비중의 확대에 있다. 해외 비중을 늘리려면 원화를 달러로 바꿔야 한다. 그 과정에서 원화의 가치는 떨어지고 달러의 가치는 올라가게 된다. 또한 국민연금이 이렇게 달러를 바꾸어 해외주식 비중을 늘리면 외국인도 국내주식 비중을 줄이고 해외로 나간다. 그래서 외국인이 국내주식의 비중을 지속적으로 줄이고 있는 중이다.

따라서 외국인의 국내주식 매도는 일시적이 아닌 구조적 현상일 수 있다. 이러면 달러/원 환율이 더 높아질 수밖에 없다. 그리고 이런 논리라면 개미들도 한국주식보다는 해외주식을 하는 것이 더 맞다.

지난 20년 간 달러/원 환율은 700원에서 1300원으로 1.7배 높아졌다(2023년 2월 기준). 앞으로 20년 간 달러/원 환율을 단순 계산했을 때 1300원에서 1.7배인 2000원이 된다.

그러나 달러/원 환율이 2000원이 되는 것은 20년이 아니라 10

년으로 단축될 수도 있다. 우선 왜 미국 달러 대비 환율이 지속적으로 높아지고 있는지 확인해야 한다. 미국은 세계 최대 소비국이다. 한국은 미국으로 수출해서 돈을 벌어들이는 구조다. 그런데 원화 가치가 미국의 달러화보다 높으면 어떻게 되는가? 수출은 어려워지고 수입은 쉬워진다.

엔화 가치가 떨어지면 한국인의 일본여행이 증가하는 원리와 같다. 이러면 대일본 무역적자가 심해진다. 따라서 한국은 미국의 달러화보다 원화의 가치가 무조건 낮아져야 한다. 그러니 달러 대비 원화 가치의 지속적 하락이 과거부터 현재까지, 그리고 미래에도 추세적으로 이어지는 것이다.

그런데 지난 2020년 코로나 펜데믹 때 미 연준이 찍어낸 돈이 4조 달러나 된다. 그러다 보니 미국의 달러화 가치도 지속적으로 떨어지고 있다. 즉 돈의 가치는 지속적으로 떨어지는 것이 맞고 원화는 미국의 달러화보다 더 떨어지는 것이 맞다. 지난 20년 간 한국의 원화가 1.7배나 떨어져 달러/원 환율이 700원에서 1300원이 된 원인이 여기에 있다.

달러/원 환율이 1.7배가 되는 기간이 왜 10년으로 단축될 수도 있을까? 인플레이션 때문이다. 현재의 인플레이션은 러시아-우크라이나 전쟁으로 유가, 곡물가 등 원자재가 뛰면서 촉발되었고, 중국의 봉쇄도 한몫했다. 또한 근본적인 이유는 코로나를 거치면서 너무

나도 많은 돈을 풀었기 때문이다. 상품 인플레이션은 진정될 기미를 보이고 있지만, 이후로는 서비스 인플레이션이 또 말썽이다.

또다시 신냉전시대로 가는가?

문제는 이러한 변화가 일시적이 아닌 구조적일 수 있다는 데 있다. 러시아는 서방의 제재를 받아 석유를 팔 수 없다. 이 와중에 인도와 중국은 러시아산 석유를 싼 가격에 사들이고 있다. 서방의 석유 금수조치가 안 먹히는 까닭이다. 높은 가격으로 석유를 팔다 보니 러시아의 루블화가 사상 최고치를 달리고 있다.

지금은 인플레이션 때문에 잠잠해졌지만 전쟁만 끝나면 미중전쟁은 다시 재개될 것이다. 따라서 서방의 제재를 받는 러시아와 미중전쟁의 소용돌이 속에 있는 중국이 손을 잡고 하나의 블록을 만들 수도 있다. 마치 1990년대 이전의 냉전시대처럼 말이다. 요즘 '신냉전 시대'라는 말이 회자되고 있다. 러시아와 중국을 잇는 블록과 서방의 블록이 나뉘어 두 개의 시장이 생긴다.

2001년 중국이 WTO에 편입되면서 세계무역시장에 디플레이션이라는 충격을 주었다. 디플레이션이란 아무리 소비를 해도 공산품 등의 가격이 올라가지 않는 현상이다. 중국에서 값싼 인건비로 만든 물건이 서방의 소비시장에 무제한으로 공급되었기 때문에 일어난

일이다.

러시아-우크라이나 전쟁으로 서방의 기업들이 러시아에서 빠져 나오고 있다. 맥도날드, 나이키, 스타벅스 등이 러시아에서 사업을 접었고, 향후 미중전쟁의 불길이 다시 타오르면 중국에서도 서방기 업들이 철수할 수 있다.

미중무역전쟁의 핵심은, 중국에서 만든 물건이 서방으로 흘러들 어가 중국이 무역흑자를 내는 상황을 막는 데 있다. 2000년 이후에 형성된 전세계적인 자유시장경제의 후퇴를 의미한다.

경제블록은 이제 러시아, 중국 블록과 미국 중심의 서방 블록으로 나눠질 것이다. 서방블록은 중국의 저렴한 인건비를 활용하지 못하 게 되고, 따라서 지속적으로 인플레이션이 발생할 것이다. 자동화와 무인화에 대한 시도는 계속되겠지만 대세인 인플레이션을 막는 데 는 역부족이다.

과거 냉전시대를 생각해 보자. 소련과 미국이 서로의 블록을 만 들어 극명하게 대립했던 시대다. 군비경쟁뿐 아니라 어떤 체제가 더 우월한가를 두고 체제경쟁도 심했다. 결국 체제의 우월성은 경제에 서 판가름이 난다. 한국을 비롯한 아시아의 4마리 용은 이 과정에서 가장 큰 수혜를 본 나라들이다.

특히 한국의 수혜가 컸다. 북한과 한국은 사회주의와 자본주의가 하나의 선을 사이에 두고 대립한 대표적인 사례다. 1970년대 이전

반복되는 상승과 하락 사이에서 **지속적으로 기회 잡는 법**

에는 북한이, 이후에는 한국이 경제적으로 월등한 위치에 있다. 역전이 일어난 이유는 미국이 한국의 물건을 사줬기 때문이다.

또한 미일 반도체 전쟁, 미국의 일본 자동차 기업 견제가 맞물리면서 한국 기업들이 약진에 성공한다. 당시 미국은 달러를 찍어 우방국들의 GDP를 끌어올렸다.

향후 전개될 신냉전 시대도 크게 다르지 않을 것으로 예상된다. 미국은 서방 블록을 키우기 위해 엄청난 돈을 찍어낼 것이다. 이로 인해 달러의 가치가 떨어지는 인플레이션이 더 심해질 것이다. 미국 달러의 가치가 더욱 하락하는 신냉전의 시대, 문제는 원화는 미달러보다 더 크게 떨어진다는 점이다.

🌟 결론

향후 달러/원 환율은 2000원까지 갈 수 있다. 부자가 되려면 투자해야 할 자산은 국내 자산이 아닌 달러화 자산이어야 한다.

14장 인플레이션에 살아남는 기업의 특징

인플레이션에 살아남는 기업

요즘 주식시장은 상식을 벗어난다. 심각한 인플레이션으로 인해 경기침체 우려가 나오면 주가는 오히려 상승하고, 경기가 좋으면 되려 주가가 하락한다. 경기가 좋으면 미 연준이 인플레이션을 떨어뜨리기 위해 고금리를 지속할 것이라는 우려가 고개를 든다. 그에 따라 주가가 하락한다. 반대로 경기가 나쁘면 미 연준이 금리인상을 멈추고 머지않아 금리인하에 나설 것이라는 기대에 주가가 상승한다. 경기와 주가 간 매우 역설적인 장이 계속되고 있다.

물론 이런 장이 계속되리라는 보장은 없다. 언젠가는 경기침체를 반영해 경기가 나쁘면 주가가 빠지고, 경기가 좋으면 주가가 올라가는 장이 올 것이다.

반복되는 상승과 하락 사이에서 **지속적으로 기회 잡는 법**

경기침체가 길어지면 미국의 대형 기술주들이 오른다. 우리가 익히 들어본 애플, 마이크로소프트, 구글, 테슬라 등이다. 이는 대형 기술주들의 가격전가력 때문이다. 이들 기업은 인플레이션으로 오른 가격을 소비자에게 전가시킬 수 있다. 가격을 올려도 소비자들이 떠나지 않기 때문이다.

1970년대 스태그플레이션 시기에 가격을 올리면서 살아남은 대표적인 기업이 바로 워런 버핏이 가지고 있는 시즈캔디다. 당시 파산하는 기업이 속출하는 상황에서, 시즈캔디는 오히려 연평균 18%의 영업이익률을 기록했다. 1974~1975년 미국의 물가상승률이 11.1%, 9.1%에 달할 때 제품 가격을 각각 17.3%, 14.3% 올리며 비용 상승분 이상을 소비자에게 떠넘겼기 때문이다.

이렇게 시즈캔디가 가격을 올릴 수 있었던 이유는, 제품가격을 올려도 신경 쓰지 않고 사는 충성도 높은 고객이 많았기 때문이다. 애플, 마이크로소프트, 테슬라 등도 인플레이션에서 살아남을 기업이라 할 수 있다.

러시아-우크라이나 전쟁 여파로 서방국가들은 러시아산 원유에 제재를 가했고, 중국은 떨어진 러시아 원유에 대해 55%나 수입을 늘렸다. 러시아 루블화 가치가 예상과 달리 폭락하지 않고 유지되는 이유도 이 때문이다. 중국도 싼 가격에 러시아 원유를 살 수 있으니 원원이다.

대부분의 사람들은 러시아가 경제제재를 당해 망해버려야 하는데, 중국이 긴급수혈을 해준 덕분에 살아났다며 중국을 비난할 수도 있다. 하지만 반대로 생각해 보면 만약 전세계가 러시아 석유를 완전히 틀어막았다면 유가 150달러 시대가 열렸을 수도 있다. 러시아 석유를 수입하고 있는 중국과 인도가 물가를 낮추는 역할을 했던 것이다.

물론 중국, 인도 등이 러시아 석유를 수입하지 않았다면 러시아의 전쟁자금 고갈로 전쟁이 더 빨리 끝났을 수도 있다. 하지만 우리는 도덕적인 잣대가 아닌 현재의 상황에 맞추어 시장을 차갑게 봐야 한다. 인구 대국인 중국, 인도가 러시아 석유를 쓰는 바람에 중동 석유를 전세계가 나눠쓸 수 있었다. 중동 석유가 유럽과 동아시아로 흘러가면서 그나마 인플레이션을 억제할 수 있었던 것이다.

미국의 긴축정책 vs. 중국의 확장정책

2022년은 강달러가 지속되었던 해였다. 하반기부터 2023년 초까지 다시 약해지기는 했으나 2월이 되면서 달러는 다시 강세로 돌아섰다. 인플레이션을 억제하려는 미국이 금리를 계속 올렸기 때문이다.

반복되는 상승과 하락 사이에서 **지속적으로 기회 잡는 법**

세계의 자금이 미국으로 향하면서 달러는 강세다. 반면 중국은 금리인하로 경제확장 정책을 펴고 있다. 코로나 봉쇄 여파로 GDP 상승률이 엉망이기 때문이다. 게다가 중국은 실업문제가 심각해 경기를 활성화 시켜야 한다.

마치 2008년 금융위기를 보는 듯하다. 2008년 금융위기가 닥치자 미국은 금리를 올렸고 경기침체가 왔지만 세계를 구한 것은 중국이었다. 중국은 내수경기, 즉 인프라투자를 늘리면서 수많은 아파트를 지어댔고 결국 중국의 활약으로 세계는 경기침체에서 빠져나올 수 있었다.

그러나 문제는 있었다. 중국이 인프라투자를 늘리면서 회사채가 늘어났기 때문이다. 그 규모는 300%가 넘는다. 한국의 IMF 수준이다. 이로 인해 건설업체인 헝다가 파산했다. 이번 인플레이션을 맞아 중국이 미국을 따라 긴축정책을 폈다면 중국의 약점인 회사채를 줄이며 기초체력을 강하게 만들 수 있을 것이다. 그러나 이번에도 중국정부는 또 다시 확장정책을 펴면서 회사채 규모가 더 늘어나게 될 것이고, 인플레이션이 지나가면 중국의 아주 큰 약점으로 작용할 것이다.

반대로 금리를 올리고 양적축소를 하면서 긴축하는 미국의 기초체력은 더 강해질 것이다. 인플레이션 위험이 지나면 미국은 중국의 약점을 파고들며 미중전쟁이 본격화 될 것이고 중국은 더 불리해질 것이다.

앞서 다룬 두 개의 팩트를 종합해 보자. 인플레이션에 살아남을 기업은 가격전가력이 있는 브랜드 가치가 높은 기업들이다. 애플, 테슬라, 마이크로소프트 등이다.

중국은 일본과 함께 확장정책을 쓰고 있는 나라다. 확장정책 덕분에 중국기업 주가가 오르고 있다. 중국의 확장정책은 주로 내수경기 부양이 목표다. 이 또한 중국에서 사업을 하고 있는 애플과 테슬라에 유리한 점이다.

다만 이 두 기업들도 달러화 강세가 이어지면 영업이익이 작아질 수 있다. 실적이 달러로 발표되기 때문이다. 그럼에도 불구하고 인플레이션의 거시적인 면과 미시적인 면 모두 애플과 테슬라에게는 유리한 국면이다.

⭐ 결론

브랜드 가치가 높고 경제확장 정책을 펴는 나라에서 사업을 하는 기업은 인플레이션 상황에서도 유리하다. 대표기업은 애플과 테슬라다.

자본주의 인문학 CAPITALISM HUMANITIES

반전 없는 인생

뼈 때리는
팩폭

우리는 왜 열심히 일만 하다 죽는 인생이 되었을까?

커피숍을 운영하는 자영업자가 있다. 아침에 출근해 청소를 하고 하루종일 서빙을 하고 저녁 9시, 10시에 문을 닫는다. 다음날도 똑같은 시간에 똑같은 일상을 반복한다. 쉬는 날은 일주일에 하루 정도다. 월급쟁이라고 크게 다르지는 않다. 일주일에 5일 일하고, 맥 빠진 모습으로 출퇴근을 하느라 하루에 족히 2~3시간씩 길에서 시간을 허비한다. 7시쯤 퇴근해 집에 오면 9시. 씻고 자기 바쁘다. 주말에는 밀린 잠을 자야 한다.

은퇴를 해도 마찬가지다. 벌어 놓은 돈이 없다면 국민연금만으로는 어림도 없다. 무슨 일이든 해서 죽을 때까지 돈을 벌어야 한다. 온전한 휴식은 죽음 이후뿐인가?

농경사회만 하더라도 밤에는 일을 하지 않았다. 그런데 산업사회가 시작되면서 전기가 발명되고, 이후로는 밤낮으로 일하는 신세가 되었다.

산업사회가 되면서 국가가 함께 왔다. 국가는 모든 노동력을 총동 원하는 체제다. 정신병원과 학교가 세워졌다. 부랑아들과 정신병자 는 정신병원으로 보내졌고 아이들은 학교로 보내졌다.

가만 생각해 보면 예전에는 동네에 바보가 한 명씩은 있었다. 그 러나 요즘은 찾아보기 어렵다. 이유는 재교육을 통한 국가차원의 총 동원 때문이다. 바보라도 놀지 못하고 밥벌이라도 하려면 반드시 인 형 눈깔이라도 붙여야 한다. 국가는 국내의 모든 노동력을 총동원해 GDP를 올리는 것이 목표다. 그래서 잉여인력이 있으면 안 된다.

국가는 GDP를 올리기 위해 우리를 빚과 가정에 옭아매었다. 2차 세계대전이 끝났다. 미국은 1,400만 명의 미군 중 200만 명을 빼고 1,200만 명의 미군을 돌려 보냈다. 그런데 이들은 사회불안 요소이 다. 젊고 혈기왕성한 실업자들이기 때문이다.

미국은 국가 GDP를 올리기 위해 이들을 어떻게 이용했을까? 결 혼을 시키고 중산층을 만들어주면 되었다. 결혼을 하려면 주택이 필 요하니 30년 모기지 주택을 주었다. 당장 돈이 없어도 대출을 통해 주택을 마련할 수 있었다. 게다가 차를 장기할부로 사게 해서 결혼 을 시켰다. 1,200만 명의 미군은 가정을 꾸리고 애를 낳았고 미국의 중산층으로 변모했다. 사회불안 요소에서 책임감 있는 중산층 시민 으로 거듭난 것이다. 결국 중산층의 빚과 가정이 미국 GDP를 올리

반복되는 상승과 하락 사이에서 **지속적으로 기회 잡는 법**

는 윤활유가 되었다.

신대륙을 발견한 서구는 원주민들을 시켜 탄광에서 은을 캤지만
성과가 없었다. 그들은 먹을 만큼만 돈을 벌고 그 다음부터는 놀았
기 때문이다. 그들에게 돈을 더 주었지만 퇴근시간만 빨라졌을 뿐이
다. 돈을 더 주면 하루 살 만큼의 돈을 더 빨리 벌었기 때문이다.

물론 서구도 처음부터 이렇게 돈독이 오르지는 않았다. 이유는 기
독교 때문이다. 특히 기독교의 칼뱅주의는 이 세상에서 번 돈의 양
만큼 열심히 살았다는 증거가 된다고 했다. 부자도 천국에 갈 수 있
다고 했다. 그러자 청교도적인 근검, 절약하는 노동자를 만들었다.

청교도와 자본주의가 결합하자 욕망하는 인간이 만들어졌다. 자
본주의에서는 돈으로 욕망하는 모든 것을 이룰 수 있다고 말한다.
자본주의는 광고와 드라마를 통해 세뇌를 시키고, SNS를 통해 질투
를 유발한다. 그러자 돈을 위해 자신의 시간을 기꺼이 버릴 수 있는
인간이 만들어졌다. 이제 우리는 밤낮으로 일하는 중이다. 목적없이
일한다. 주객이 전도되었다. 이렇게 국가와 자본주의가 원하는 인간
형이 만들어졌다.

만약 우리가 자본주의 사회에서 늙은 비버가 되지 않으려면 어떻
게 해야 할까? 빚과 가정에 얽매이지 않으면 된다.

자본주의를 겪으며 살아가는 인간은 3부류로 나눌 수 있다.

① 국가와 자본주의를 동시에 거부하는 자들이다.

일본의 사토리 세대와 오타쿠 문화다. 결혼하지 않고 돈도 벌지 않고 게임과 애니메이션만 본다. 장성해서도 부모의 등골만 빼먹는다. 국가와 자본주의는 이들을 잉여인간이라고 비난하며 일자리를 주고 결혼을 시키려 노력한다.

② 자본주의는 순응하지만 국가를 거부하는 자들이다.

결혼을 하지 않고 돈은 적당히 벌면서 인생을 즐기는 골드미스와 미스터다. 국가는 애를 낳지 않는다고 이들을 비난한다.

③ 자본주의와 국가를 적극적으로 수용하는 자들이다.

결혼도 하고 돈도 열심히 벌면서 내 시간을 갈아넣는 중산층이다. 국가와 자본주의에 이상적인 인간이다.

욕망이 큰 순서는 ③-②-①이다.

★ 결론

욕망이 크고 인정욕구가 강할수록 ③번에 가깝다. ③번은 결국 늙은 비버다. 늙은 비버 대부분은 죽도록 일만 하다가 경제적 자유없이 죽는 반전 없는 인생이 되기 십상이다. 이런 인생이 되지 않으려면 욕망을 줄이고 인생을 즐기면 된다.

15장 | 인플레이션을 헤지할 수 있는 단 한 가지 자산

"인플레이션은 언제 어디서나 화폐적 현상으로, 통화량을 산출량보다 더욱 빠르게 증가시키지 않는다면 결코 발생하지 않는다."

밀턴 프리드먼의 말이다. 인플레이션의 진행 과정을 더 자세히 살펴보면 다음과 같다.

① 전쟁으로 상품이 부족해진다.

② 정부가 중앙은행에서 단기차입을 한다.

③ 이 부채는 사실상 현금으로 전환되어, 통화 공급량이 늘어난다.

④ 이로 인해 사람들은 현금에 대한 수요가 감소한다.

⑤ 그 결과 상품가격이 상승한다.

인플레이션이 진행되는 과정을 현재 우리의 상황과 접목시켜 보자.

전쟁으로 상품이 부족해진다

2022년부터 시작된 러시아-우크라이나 전쟁으로 인해 원자재와 곡물 가격이 뛰었다. 그리고 중국의 코로나 봉쇄 여파로 인해 상품이 공장에서 제조되지 못하고, 만들어져도 물류가 원활하지 않아 상품의 원활한 교역이 이뤄지지 않았다. 이로 인한 상품가격 상승은 당연하다.

이러면서 미국의 CPI(물가지수)가 치솟았다. 2022년 9%를 넘었던 CPI가 2023년 들어 4%대까지 떨어지기는 했으나, 특히 근원CPI를 보면 정체기를 맞으며 생각보다 빠른 속도로 물가가 안정되지 못하는 실정이다. 심지어 물가가 다시 오를 것이라는 비관적인 전망도 나오고 있다.

2000년대 이후 물가가 2%대에 머물렀던 것과 비교해 현재의 물가는 매우 높은 수준이고, 1980년대 이후 볼 수 없었던 현상이다. 이 때문에 미 연준도 4번 연속 75BP 인상 등 전례없는 속도로 금리 인상을 단행한 바 있다.

정부가 중앙은행에서 단기차입을 한다

인플레이션이 심한 대표적인 국가는 튀르기예(구 터키)다. 20년만에 일어난 인플레이션으로 물가가 2배 이상 뛰고 있다. 전쟁으로 인해 우크라이나는 밀을 제대로 파종조차 하지 못했다. 이로 인해 곡물의 양극화(그레인 디바이드)가 일어났다. 우크라이나의 밀은 튀르키예나 아프리카 등으로 수출된다. 따라서 우크라이나의 곡물작황이 좋지 않으면 물가상승으로 타격을 받는 쪽은 튀르키예, 아프리카 국가들, 즉 저소득 국가들이다. 빈곤한 이들 국가들은 상품가격이 오르면 살기 힘들다. 미국, 유럽과 같은 선진국들은 비싸더라도 곡물 수입선을 바꿀 수 있다. 하지만 이들 저소득 국가들에서는 굶주린 이들이 폭동을 일으킬 수도 있다.

비슷한 사례가 튀니지에서 시작된 재스민 혁명이다. 이 혁명으로 튀니지의 대통령이 갈리고 이집트, 리비아 정부가 무너졌고 사우디아라비아까지 그 여파가 이어졌다. 재스민 혁명이 일어난 이유는 곡물가격의 상승 때문이다. 곡물가격의 상승은 유가상승 때문이었다. 2008년 전세계가 금융위기를 겪고 있는 와중에 유가는 150달러까지 뛰었다.

농사는 석유로 짓는다. 석유 없이는 트렉터 등 농기계가 움직이지 않는다. 따라서 석유가격 상승이 곡물가격 상승으로 이어졌고, 곡물 상승은 2010년경 재스민 혁명으로 그리고 정부 전복까지 진행된 것이다.

언뜻 우리와는 전혀 상관이 없어보이지만 사실 아니다. 인플레이션의 진행과정인 '②정부가 중앙은행에서 단기차입을 한다'가 여기에 포함되기 때문이다.

2번째 진행과정에서 튀르키예와 미국의 차이는 무엇인가? 인플레이션이 일어나면 정부는 돈이 필요하다. 인플레이션 때문에 소비, 투자가 위축되고 순수출(수출-수입) 또한 되지 않는다. 수출이 되지 않으면 결국 GDP를 늘릴 수 있는 방법은 정부지출 외에는 없다. 게다가 정부보조금으로 연명하는 저소득층도 도와줘야 한다. 정부가 돈 쓸 일이 많아진다는 의미다.

정부가 필요한 재원을 마련하는 방법은 채권발행이다. 미국은 기축통화국이므로 정부가 발행한 채권을 다른 나라가 사준다. 그러나 튀르키예의 채권을 사주는 나라는 많지 않다. 미국도 채권을 팔기 위해서 금리를 올리기 때문에 가장 안전한 나라의 채권에 무위험 수익이 늘어난다. 그래서 글로벌 자금이 미국으로 몰린다. 그러나 튀르키예는 글로벌 유동성이 축소되는 와중에 채권을 사줄 나라를 구할 수 없어, 결국 중앙은행이 튀르키예정부의 채권을 사주게 된다.

한국도 예외는 아니다. 현재 외국인들의 달러 유출이 계속되고 있다. 주식과 채권을 팔아 떠나면서 달러/원 환율이 심한 변동성을 보이고 있다.

원화의 가치가 떨어지는 이유는 사줄 사람이 없기 때문이다. 글로벌 자금에도 한계가 있다. 미국채 사기에도 바쁘다 보니 당연히 한국은 논외의 대상이고 한국에서 지속적으로 주식과 채권을 팔아 미국이나 상품시장 쪽으로 가려는 수요가 많다고 봐야 한다.

이런 와중에 2022년 한국은 2008년 금융위기 이후 처음으로 472억 달러 무역적자를 기록했고(역대 최대), 2023년에도 적자 행진이 멈추지 않고 있다. 적자가 지속적으로 늘어난다면 국제사회에서의 신뢰가 떨어지며 한국의 국채는 더 안 팔리게 될 것이다. 결국 한국도 채권을 사줄 나라가 없어 중앙은행이 사줘야 한다.

따라서 미국보다 튀르키예나 한국의 인플레이션 폐해가 더 심하다. 원화나 원화 상품이 많을수록 불리하다는 의미도 된다.

이 부채는 사실상 현금으로 전환되어, 통화 공급량이 늘어난다

1차 세계대전 이후 독일은 엄청난 하이퍼 인플레이션을 겪었다. 연합국끼리는 영국제국을 통해 채권 판매가 가능했다. 그러나 동맹국인 독일, 오스트리아-헝가리, 튀르키예는 자체적으로 해결해야 했다. 그래서 영국보다 독일은 중앙은행으로부터 훨씬 많은 액수의 단기융자를 받아야 했고, 시중 통화량이 영국보다 훨씬 많이 늘어났다. 인플레이션이 연합국보다 동맹국에서 훨씬 커진 이유다. 게다가 독일은 1차 세계대전에서 패배함으로써 막대한 배상금을 물어야 했고, 국가 차원의 지불 불능 상태가 되었다.

한국에서 하이퍼인플레이션이 발생할 확률은 그리 높지 않지만 인플레이션으로 인해 미국보다 더 많은 통화량이 늘어나는 것은 당연하다. 한국의 채권을 사줄 나라가 없고 정부는 중앙은행에 더 많은 단기융자를 할 수밖에 없으며, 결국 시중에 더 많은 돈이 풀리게 된다.

이로 인해 사람들은 현금에 대한 수요가 감소한다

사람들은 멍청하지 않다. 곧바로 인플레이션을 알아보고 인플레이션이 되지 않는 쪽으로 자산을 이동시킨다. 다음 보기에서 무엇이 좋고 무엇이 나쁜지 선택해 보라.

①원화 ②한국 부동산 ③한국 주식 ④달러 ⑤미국 국채 ⑥미국 주식

① **원화**

인플레이션에 직격탄이다. 더구나 한국의 원화는 미국보다 통화량이 더 늘어나 적당한 선택이 아니다.

② **한국 부동산**

부동산은 인플레이션을 헤지할 수 있지만 금리가 오르는 상황에서 부동산은 높은 이자를 감당해야 한다. 따라서 보유보다

는 처분 심리가 강해진다. 인플레이션 상황에서 부동산 가격은 떨어질 수 있다.

③ 한국 주식

주식도 금리가 오르는 상황이면 유동성 축소의 영향으로 부동산과 같이 동반 하락한다.

④ 달러

기축통화인 달러는 인플레이션을 헤지할 수 있는 자산에 속한다.

⑤ 미국 국채

달러자산이기는 하지만 연준히 양적축소를 하면 한 달에 얼마의 채권을 시장에 내다 팔지 모른다.

따라서 적당한 선택이 아니다.

⑥ 미국 주식

미국 주식 중에서도 성장주는 유동성 축소의 와중에 가격이 하락한다. 다만 세계 1등 주식을 떨어질 때 말뚝박기로 모아가는 것은 좋은 선택이다.

그 결과 상품가격이 상승한다

상품가격이 상승하며 결국 인플레이션으로 치닫는다.

⭐ 결론

인플레이션을 헤지할 수 있는 방법은 달러자산이고, 달러자산 중에서도 세계 1등 주식을 떨어질 때 말뚝박기로 모아가는 것이 최선이다.

16장

코로나 인플레이션의 본질

코로나 이후 발생한 인플레이션에 대응하기 위해 미 연준은 기준금리를 가파르게 올렸다. 근본적인 원인은 공급부분의 물류난 때문이다. 물류난은 중국의 영향이 크다. 시진핑은 3연임을 앞두고 코로나 방역에 많은 신경을 썼다. 그로 인해 중국의 공장과 물류는 돌아가지 않았고 공산품 가격이 뛰었다.

게다가 코로나로 인해 재택근무 수요가 늘자 업무용 PC와 노트북, 패드 등이 가정에서도 수요가 넘치게 되었다. 집에 있는 시간이 많아지자 TV를 비롯한 가전제품과 집을 꾸미는 건자재 수요도 늘었다. 여기에 병목현상을 일으킨 소재, 부품이 있었는데 그것이 반도체다.

갑작스럽게 반도체 수요가 늘자 부가가치가 낮은 차량용 반도체는 뒷전으로 밀리게 되었고 차량 출시가 늦어지는 연쇄효과가 발생했다. 반면 코로나로 인해 야외로 캠핑을 가는 수요가 늘었다. 차량 출시가 늦어지자 수요를 맞추느라 신차보다 중고차 가격이 더 비싸지는 기현상까지 발생했다. 중고차 가격의 상승은 CPI(소비자 물가지수) 수치를 올린 중요 요인 중 하나였다. 물론 이는 일시적인 현상이므로 병목현상은 차차 풀릴 것으로 보인다.

문제는 인건비 상승이다. 인건비는 구조적인 요인이다. 한번 올라가면 다시 떨어지기 어려운 하방경직성이 있기 때문이다. 인건비는 특히 유럽보다는 미국을 괴롭히고 있는데, 미국은 고용과 해고가 자유롭기 때문이다.

1980년 레이건 대통령 시절 신자유주의의 영향을 받아 기업이 위험에 처하면 언제든 대량해고가 가능하도록 법 개정이 되었다. 반대로 EU는 고용과 해고가 까다롭다. 그래서 지난 코로나 위기 때 미국은 대량해고로 위기를 넘긴 반면, EU는 고용은 유지하되 급여를 삭감하는 방식을 사용했다.

정부의 역할에도 차이가 있었다. 미국이 양적완화를 통해 실업자에게 현찰을 지급한 반면, EU는 고용유지를 위해 기업에 보조금을 주는 형태였다. 이런 차이가 나는 이유는, 미국은 노동의 유연성을 더 강조하고, EU는 사회의 안정성을 더 추구하기 때문이다.

미국은 일자리 창출을 더 중요시한다. 즉 기업 중시다. 해고를 신경쓰지 않고 창업을 장려하는 혁신적인 나라다. 그러나 EU는 사회

안전망을 강화해 정부가 가계소득의 안정성을 보장한다. 그러니 미국의 실리콘밸리에서 혁신적인 기업이 생겨나는 것이고 EU는 명품 회사, 타이어 회사와 같은 변하지 않는 기업만 유지되는 것이다. 미국이 EU보다 더 혁신적인 이유다.

미국의 혁신은 영국의 영향을 받았다. 유럽의 대표국가 프랑스는 공무원이 기업가나 과학자보다 더 대접받고 물적보상도 크다. 당연히 인재들이 공무원으로 몰린다. 이러한 사회분위기로 인해 왜곡된 인적배분이 일어나고 혁신도 멈춘다. 산업혁명이 프랑스가 아닌 영국에서 나온 것도 우연이 아니다.

미국이 다른 나라와 다른 이유

미국은 왜 해고가 자유로울까? EU보다 동질성이 떨어지기 때문이다. 미국은 인종의 용광로라 할 만큼 다민족 국가다. 하지만 안을 들여다 보면, 백인은 백인끼리 놀고 흑인은 흑인끼리 놀며 아시안은 아시안끼리 논다. 절대 섞이지 않는다.

이 이유가 미국의 의료보험을 엉망으로 만들었다. 보험 없이 미국에 여행을 갔다가 팔이라도 부러지면 수술비로 5천만 원을 써야 할 수도 있다. 한국이나 EU의 의료보험제도에 비해 세계 최고의 선진국인 미국의 사회의료보험이 더 엉망인 이유는 무엇일까?

인종에서 찾을 수 있다. 공짜 의료보험을 받는 인종, 즉 사회 하층민은 주로 흑인들이다. 반면 의료보험료를 내는 인종은 중산층 백인들이다. 중산층 백인이 하층민 흑인의 의료보험료를 내주고 싶을까? 이처럼 약한 동질성이 후진적인 의료보험 제도를 낳았다.

한국은 미국보다 EU에 가깝다. 민족적 동질성이 강해 전국민 의료보험이 가능하다. 해고가 힘들고 공무원이 우대받는다. 그래서 인적자원의 왜곡이 심하고, 혁신도 어렵다. 지금까지는 제조업으로 잘 따라왔지만 진정한 선진국이 되기에는 창조적 파괴의 기업가정신이 부족하다.

그러나 코로나가 장기간 지속되자 그 여파로 미국이 EU보다 급여가 더 올라가는 현상이 벌어지기 시작했다. EU는 고용을 유지했기 때문에 인건비 상승도 더디다. 그러나 미국은 일단 해고를 했고 재고용하는 과정에서 일터로 돌아오는 인력이 모자랐다. 공급이 수요를 따라가지 못한다는 의미다.

왜 미국의 노동자들은 일터로 돌아오지 않을까? 첫째, 정부의 막대한 현금지원으로 주머니가 넉넉해져 더 놀아도 되기 때문이다. 둘째, 양적완화로 돈을 풀어대자 주식, 부동산의 가치가 높아져 굳이 일을 할 필요성이 줄어들었다.

미 연준의 태도를 보면, 경제위기를 부추기는 모습이 엿보인다. 그래야 주식, 부동산의 가치가 떨어지고, 일터로 사람들이 돌아와야

반복되는 상승과 하락 사이에서 **지속적으로 기회 잡는 법**

인적인 경쟁이 더 심화되고 인건비가 떨어지면서 인플레이션이 한 풀 꺾이기 때문이다.

⭐ 결론

코로나 인플레이션의 본질은 동질성과 사회분위기에 있다. 그럼에도 불구하고 앞으로 투자할 곳은 혁신적인 미국기업이다.

17장 ▌ 플랫폼 기업은 어떻게 시장을 지배했을까?

국내 유통산업은 오랫동안 '안방 효과'를 누려왔다. 2006년 월마트의 한국시장 철수가 절정이었다. 그 해 이마트는 월마트의 한국 매장 16개를 8,250억 원에 인수했다. 대형마트와 백화점, 홈쇼핑 등 한국의 대형 유통기업은 외부 경쟁자 없이 오랜 기간 특수를 누렸다.

하지만 쿠팡이 유통 전선에 뛰어들면서 상황이 180도 바뀌고 있다. 새로운 플랫폼에 적응하지 않으면 생존 자체가 불투명한 시대가 됐다. 롯데, CJ 등 국내 간판 소비재기업이 항로를 설정하는 데 애를 먹고 있는 가장 큰 이유는 인공지능, 빅데이터, 클라우드 컴퓨팅 등 정보기술(IT) 패러다임의 변화를 놓쳤기 때문이다.

지금 인터넷 쇼핑을 잡고 있는 두 개의 회사는 네이버와 쿠팡이다. 이들이 인터넷쇼핑에 강자가 된 이유는, 네이버의 경우 네이버 쇼핑이라는 플랫폼을 잡았기 때문이고, 쿠팡은 물류창고를 두고 풀

반복되는 상승과 하락 사이에서 **지속적으로 기회 잡는 법**

필먼트 시스템을 가동해 당일배송이라는 로켓배송을 이루어 고객의 충성도를 이끌어낸 덕분이다.

플랫폼 기업의 탄생

이러한 현상을 이해하려면 우선 플랫폼 기업이 어떻게 성장했는지 봐야 한다. 최초의 플랫폼 기업인 마이크로소프트(MS)의 윈도우를 살펴보자. MS는 1980년대에 PC가 폭발적으로 늘어날 즈음 OS인 MS-DOS를 싼 값에 광범위하게 공급했다. 그러자 하드웨어가 싸고 OS가 아주 싼 IBM용 PC가 폭발적으로 늘어나기 시작했다. 이때 MS는 애플 매킨토시의 OS를 따라서 키보드로 일일이 명령어를 입력하는 도스를 버리고 윈도우즈를 도입한다. 그리고 윈도우즈 개발자용 API를 무료로 개방한다.

개발자용 API란, 애플리케이션 프로그래밍 인터페이스(Application Programming Interface)의 약자다. 윈도우즈에 맞는 소프트웨어를 개발할 수 있는 프로그램 도구라고 보면 된다. 이것을 통해 한글, 은행 프로그램, 그래픽프로그램, 카카오톡, 윈도우즈용 프로그램 등 우리가 흔히 쓰는 프로그램을 개발할 수 있다. 따라서 API를 무료로 개방하면 윈도우즈에서 돌아가는 소프트웨어를 팔아서 돈을 벌려는 소프트웨어 기업들인 서드파티(third party)가 무한대로 늘어난다.

서드파티란?

하드웨어 생산자가 직접 소프트웨어를 개발하는 경우는 퍼스트파티(first party), 하드웨어 생산자인 모기업과 자사 간의 관계에서 소프트웨어 개발자라면 보통 세컨드파티(second party)라고 부르며 하드웨어 생산자와 직접적인 관계없이 소프트웨어를 개발하는 회사를 서드파티라고 부른다.

생태계를 만드는 데 있어서 서드파티의 개념은 무엇보다 중요하다. 페이스북보다 더 빨리 개발 된 한국의 SNS가 있었다. 바로 미니홈피의 대명사 싸이월드다. 싸이월드가 망한 이유는 서드파티를 키우려고 하지 않고 퍼스트파티를 고집했기 때문이다.

싸이월드는 미니홈피로 선풍적인 인기를 끌었다. 무료인만큼 이용자도 폭발적으로 증가했다. 이때부터 싸이월드의 고민이 시작된다. 수익 창출 도구로 '도토리'가 나온다. 도토리를 통해 미니홈피의 스킨을 바꾸고 배경음악도 집어넣고 캐릭터도 꾸밀 수 있었다. 즉 미니홈피를 만든 싸이월드가 직접 이 모든 것을 하는 퍼스트파티에 집중했다는 것이다.

오히려 이러한 스킨, 배경음악, 캐릭터 꾸미기는 서드파티인 소프트웨어 회사에게 주어 더 풍부한 스킨, 캐릭터를 꾸밀 수 있도록 만

들고 자신들은 큰그림을 그렸어야 했다. 예를 들어 빅데이터 분석을 통한 네이버쇼핑과 같은 가격비교 사이트를 오픈하는 것 말이다. 결국 싸이월드는, 모든 것이 무료이며 인간의 대표적인 본성인 좋아요 버튼이 있는 페이스북이 들어오자 이용자들로부터 외면받고 만다.

이렇게 IBM PC가 늘어나고 소프트웨어가 늘어나자 윈도우즈 OS를 파는 마이크로소프트는 독점 플랫폼 기업이 되었다. 이를 정리하면 다음과 같다.

플랫폼 OS가 탑재된 하드웨어 개발(스마트폰, PC, 플레이스테이션 등)→OS의 API 무료 배포→서드파티가 OS에 맞는 소프트웨어 개발→소프트웨어를 사용하려는 사용자 증가→OS기업 수익 창출

당시 애플의 매킨토시 가격이 IBM PC에 비해 높았고 당연히 매킨토시 컴퓨터는 수요에서 IBM PC에 밀렸다. 따라서 서드파티 개발자들은 매킨토시보다는 주로 IBM PC용 소프트웨어를 더 많이 만들었고 사용자도 더 많았다. 결국 승부는 제품의 질이나 사양이 아니라 사용자의 입맛에 맞는 소프트웨어가 얼마나 많은가로 결정되었다.

현재는 인터넷이 연결되면서 수익모델도 훨씬 다양해졌다. 플랫폼으로 수익을 얻는 구조는 다음과 같다.

- 중계 수익 – 앱스토어, 우버, 에어비앤비 등.
- 구독 수익 – 넷플릭스, 마이크로소프트 MS365, 어도비의 그 래픽프로그램, 달러 셰이브 클럽 등.
- 라이센스 수익 – 윈도우즈용 구매 소프트웨어 등.
- 광고 수익 – 페이스북, 구글 등.

여기서 인공지능, 빅데이터, 클라우드 등을 이용하면 인간의 취향을 저격할 수 있다. 예를 들어 SNS 플랫폼인 페이스북이 인터넷쇼핑을 연결하면 어떻게 될까? 연인에게 맞춤형 선물을 줄 수 있다. 무슨 말인가? 고르기가 가장 까다로운 선물은 연인에게 줄 선물이다. 현금을 줬다가는 이별통보를 받거나 한쪽 뺨이 얼얼해질 수도 있다. 가족이야 선물로 현금을 주면 오히려 기뻐할 수 있지만, 연인은 뺨 맞을 각오를 해야 한다.

페이스북이 인터넷쇼핑을 만들어 사고 싶은 물건을 찜하는 기능을 추가했다고 하자. 그리고 당신의 페이스북에는 이렇게 뜬다. 'OOO의 생일이 일주일 남았다.' 그런데 'OOO이 좋아해서 찜해 놓은 물건은 이렇다'고 보여주는 것이다. 그 물건을 사서 연인에게 선물하면 100점 만점에 100점을 받을 수 있다.

구글이 왜 유튜브를 인수했을까? 구글의 검색기능은 당신의 취향을 알고 있다. 따라서 유튜브에서 당신의 취향에 따라 미리보기 영상을 보여주면 클릭할 확률이 높아진다. 물론 이후에는 유튜브의 클릭에 따라 당신의 취향이 더 많이 반영된 영상목록이 뜰 것이다. 넷플릭스는 사용자의 취향을 반영해서 영화를 추천한다.

그러나 오프라인 기업은 이런 사용자의 취향이라는 데이터가 하나도 남지 않는다. 넷플릭스보다 훨씬 컸던 미국의 비디오 대여사이트 블록버스터가 망한 이유는 오프라인 기업으로 단골고객의 취향이 담긴 데이터가 없었기 때문이다. 인간의 뇌는 80만 년 전 원시인과 같아서 머리를 쓰기 싫어한다. 그러니 게으른 인류에게 넷플릭스의 추천 기능은 매우 유용하다.

온라인쇼핑 위주인 쿠팡, 네이버쇼핑에 비해 오프라인쇼핑 위주인 신세계, 롯데쇼핑은 불리하다. 데이터가 남지 않기 때문이다. 그렇다고 쿠팡, 네이버쇼핑이 사용자의 데이터를 잘 활용하는 것은 아니다. 이 분야 최고는 미국 기업 아마존이다. 다만 쿠팡의 로켓배송과 네이버쇼핑의 가격비교는 오프라인쇼핑에 비해 뛰어난 강점이다.

⭐ 결론

인간의 취향과 본성을 아는 플랫폼 기업이 승자가 된다. 시장의 승자가 되기 위해서는 헤드에 행동경제학자를 영입해야 하지 않을까?

코로나 시대를 거치며 세계 전기차 생산량이 크게 증가하였다. 매년 증가세가 가파른 전기차는 완성차 전체 대비 2020년 2.9%에 이어 2021년엔 470만 대로 5.8%까지 비중이 증가하였다. 전체 자동차의 생산량은 9,500만 대 정도로 추산되며, 여기서 10%인 950만대 정도가 중요하다. 바로 시그모이드 곡선 때문이다.

시그모이드 곡선에 따르면 전체 시장에서 10%가 되기 전까지는 아주 느린 시작단계이다. 이 단계에서는 시장에 전기차 업체들이 난립을 하며 전기차만 만든다고 하면 일단 오르고 본다. 현재 전기차 만드는 테슬라를 비롯해서 중국의 니오, 샤오펑 등이 있고 기존의 자동차 메이커인 폭스바겐, 현대차, GM, 포드 등도 모두 전기차에 뛰어들고 있다.

사람들은 앞으로 계산되지 않은 일에 후한 점수를 주는 경향이

그림1_시그모이드 곡선

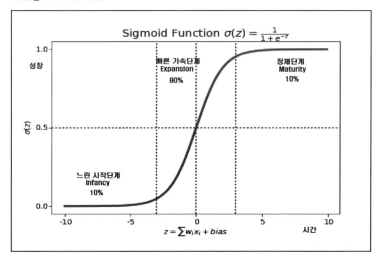

있다. 따라서 전기차 시장이 10%가 되기 전까지는 모든 전기차 업체들 주가가 오르면서 전기차 업체들이 난립하는 시기가 된다.

두 번째는 빠른 가속단계이다. 전기차 시장이 커지는 단계로 10%에서 시작해서 80%~90%까지 급가속한다. 이때 치킨게임을 하면서 전기차 업체들 중 상당수가 망하고, 시장 선두 업체 몇개로 재편된다.

중국에는 300개가 넘는 전기차 업체들이 있다. 이들 중 보조금에 의지하는 업체들은 이 시기를 거치며 죄다 망할 것이다. 또한 이 시기에는 치킨게임을 하는 만큼 영업이익을 포기하고 쿠팡처럼 시장 점유율을 늘리는 데 주력할 것이다.

여기서 중요한 것이 바로 돈과 브랜드네임(팬심)이다. 브랜드네임이 있다면 자동차를 팔아 돈을 벌어가면서 자동차 생산량을 늘릴 것이니 돈이 상대적으로 덜 들어간다. 반면 사람들이 선호하지 않는 브랜드는 생돈을 들이며서 자동차 생산을 늘리니 결국 망할 것이다.

세 번째는 정체 시기이다. 1, 2, 3등 기업이 시장을 지배하는 과점 시기다.

결국 플랫폼이 승부를 가른다

그렇다면 전기차 시장에서 세계 1등을 하기 위한 중요 원동력은 자동차 판매량일까? 그럴 수도 있다. 하지만 판매량보다 더 중요한 것이 있다. 바로 플랫폼이다. 지금의 전기차는 단순히 내연기관차를 전기차로 바꾸는 식으로 진행되지는 않을 것이기 때문에 플랫폼이 중요하다.

전기차는 전기차가 아니라 스마트 모빌리티가 될 가능성이 크다. 자율주행차가 된다면 그 안에서 영화를 볼 수도 있고 업무를 처리할 수도 있기 때문이다. 움직이는 사무실이나 휴식공간 말이다. 앞으로 전기차를 더 많이 팔려면 무엇을 잘해야 할까? OS를 통한 더 많은 컨텐츠 제공이다.

반복되는 상승과 하락 사이에서 **지속적으로 기회 잡는 법**

지금 전기차에 뛰어드는 모든 기업이 다 잘될 수는 없다. 안 될 기업들을 하나씩 제외해 보자. 우선 전통적인 자동차 업체는 제외다. 한 번이라도 OS를 만들어본 업체가 없다. 폭스바겐이건 포드건 GM이건 간에 말이다. 그 많은 소프트웨어 인력이 있는 삼성조차 OS를 만들었지만 실패했다.

벤츠, BMW, 현대 등 내비게이션을 보면 한숨부터 나온다. 그런 그들이 삼성도 해내지 못한 OS 독립을 할 리가 없다. 따라서 폭스바겐이 파워데이에 어떤 것을 발표했어도 이들은 결국 OS를 만들지 못하고 남의 것을 가져다 쓰게 될 것이다. 그러니 기존의 자동차 기업들은 잘되어 봐야 TSMC처럼 될 것이다. 전기차 생산만 하는 기업 말이다.

중국차 업체들도 제외하자. 중국의 니오, 샤오펑, 리오토 등은 근본적인 문제가 있다. 자율주행차는 기본적으로 고객의 운행데이터를 모은다. 이 데이터가 모여 빅데이터가 된다. 빅데이터의 패턴을 분석하면 운전자의 습관을 알 수 있고 행선지도 모두 알 수 있다. 그런데 이 데이터가 어디로 갈까? 중국 공산당이 관리감독하는 서버로 갈 것이다. 이것을 아는데 후진국이라면 몰라도 선진국의 국민들이 중국 자율주행차를 살 리가 없다.

결국 OS가 가능한 기업들만 남게 될 것이다. 현재 자율주행차와 함께 OS를 가지고 있는 테슬라와 자율주행차를 시험하고 있는 안드로이드 OS를 운영하고 있는 구글의 웨이모 정도가 될 것이다.

이 외에도 엔비디아, 마이크로소프트 등이 있지만 엔비디아는 OS를 만든 경험이 없고, 마이크로소프트는 윈도우 이후 모바일에서 성공한 경험이 없다. 앞으로 자율주행차의 강자가 될 기업은 테슬라, 구글, 애플, 엔비디아, 마이크로소프트 정도로 압축 가능하다.

향후 자율주행차 세계 1등이 될 기업은 누구라고 생각하는가? 핵심은 시장점유율이다. 앞서 플랫폼 기업의 시장지배 과정을 다음처럼 도식으로 설명했다.

> 플랫폼 OS가 탑재된 하드웨어 개발(스마트폰, PC, 플레이스테이션 등) → OS의 API 무료 배포 → 서드파티가 OS에 맞는 소프트웨어 개발 → 소프트웨어를 사용하려는 사용자 증가 → OS기업 수익창출.

세계 1등의 자율주행차가 된다는 것은 바로 시장점유율 1등이라는 뜻이다. 시장점유율이 높아야 더 많은 소프트웨어 개발자가 늘어나 더 많은 컨텐츠를 제공할 것이고, 그로 인해 사용자도 더 많이 늘어나게 될 것이다.

현재 전기차 생산량 1위는 테슬라다. 시장점유율이 가장 높다는 얘기이고 만약 테슬라 OS의 API를 개방했을 때 더 많은 소프트웨어 개발자가 몰리게 된다면 지속적으로 시장점유율 1등을 하면서 자연스럽게 세계 1등으로 갈 수 있다. 그러니 자동차 생산량을 모니터링만 하면 된다.

결국 브랜드의 힘이다

향후 자율주행차도 브랜드가 꽤나 중요해질 것이다. 애플이 스마트폰 시장점유율이 15%이던 시절 이익의 80%를 가지고 갔다. 지금은 약 20% 이상을 점유하고 있지만 말이다. 그러면 반대로 85%의 스마트폰 업체들이 이익의 20%를 나눠먹는 구조다. 따라서 자율주행차에서도 팬심이 굉장히 중요한 문제가 될 것이다.

다만 자율주행차가 완벽하게 구현된다면 전체 자동차 시장 규모는 9,500만 대가 아닌 약 1,000만 대 수준으로 떨어질 것이다. 주차장에 서 있는 차는 95%이고 운행중인 차는 5%다. 자율주행차 시대가 오면 95%의 차를 비효율적으로 주차장에 방치할 필요가 없다. 즉 소유보다는 공유로 가면서 자동차는 급격하게 줄어들고 대부분이 로봇택시가 될 것이다.

그런데 왜 5%인 475만 대가 아니라 1,000만 대일까? 택시를 이용하지 않고, 차를 소유하려는 슈퍼리치를 감안했기 때문이다.

⭐ 결론

OS를 가진 자동차 생산량 1등 기업을 모니터링 하면서 투자한다면

전기차 1등을 알게 될 것이다.

반복되는 상승과 하락 사이에서 **지속적으로 기회 잡는 법**

미국의 문화인류학자인 에드워드 홀은 1960년대 초 '근접학 (Proxemics)'이라는 학문을 통하여 거리단계를 4개로 나누었다.

보통 가족이나 연인처럼 상대방의 숨결이 느껴질 정도인 45cm 이하의 밀접한 유대관계는 친밀한 거리(Intimate Distance)다. 팔을 뻗으면 닿을 수 있는 45cm~120cm는 개인적인 거리(Personal Distance)다. 사회적인 거리(Social Distance)는 120cm~360cm 정도로 격식 및 예의가 요구되는 사무적인 대화가 오가는 관계다. 360cm가 넘으면 공적인 거리(Public Distance) 관계다.

인간이 타인에게 허용할 수 있는 범위는 45cm 이상이다. 사랑하는 사람과 가족 등 아주 친밀한 관계가 아니라면 45cm 안쪽으로 들어오면 거부감을 느낀다.

사람은 시각-청각-후각-촉각-미각으로 반응한다. 시각이 가장 먼 감각이고 촉각, 미각이 가장 가까운 감각이다. 그래서 부부끼리도 카톡으로 의사소통을 하면 가장 먼 사이고 촉각과 미각을 쓰면 가까운 사이인 것이다. 연인도 마찬가지다. 권태기가 온 연인은 시각과 청각만으로 소통한다.

아이리버가 mp3를 세계 최초로 개발해 놓고도 왜 실패했을까? 아이리버는 디자인도 예쁘고 플래시 메모리를 써서 크기가 작으면서도 기능 면에서는 녹음, 라디오, 어학학습까지 다 되었다.

그런데 애플의 아이팟이 나오자 시장에서 사라졌다. 아이팟의 디자인이 예쁘다고 하지만 아이리버도 못지않다. 당시 나온 이론이 애플은 미니하드디스크를 써서 500곡 가까이를 넣을 수 있었다는 것이다. 미국인들이 그만큼 음악을 많이 듣기 때문이다. 반면 아이리버는 플래시메모리를 써서 최대 16곡 정도밖에 들어가지 못했고, 이것이 실패의 원인이라 했다.

그러나 아이리버의 실패의 원인은 따로 있다. '인간을 몰랐기 때문'이다. 스마트폰을 만든 스티브 잡스는 스마트폰의 어떤 기능을 강조했을까? 터치다. 터치를 통해 사람의 촉각을 자극했다. 사람은 가까울수록 시각-청각-후각-촉각-미각으로 발전한다. 촉각은 미각과 함께 아주 친밀해야 느낄 수 있는 감정이다.

스티브 잡스는 2000년 1월 24일, 포춘(Fortune)지에 Mac OS X의 유저 인터페이스를 설명하며 이렇게 얘기했다.

"우리가 화면상에 보이는 버튼을 너무 멋지게 만들어서, 당신이 보면 혀로 핥고 싶어질 것이다."

실제로 Today Show에서 메레디스 비에라(Meredith Viera)는 맥북에어를 갖고 싶다며 혀로 핥는 시늉을 하기까지 했다. 스티브 잡스는 인간이 어떤 감각을 써야 친밀해질 수 있는지 꿰뚫고 있었다. 만지고(촉각) 핥고(미각) 싶어져야 가장 아름다운 제품 디자인이라는 사실을 알았던 것이다. 아이리버는 플레이 버튼이 누르는 방식이다. 반면 아이팟은 문지르는 방식이다.

피쳐폰이 스마트폰에 밀린 이유도 비슷하다. 피쳐폰은 버튼을 꾹꾹 누르는 방식이다. 그런데 스마트폰은 문지르고 누르고 쓰다듬는 작동방식을 따랐다. 호모 사피엔스에게 더 친밀감을 느끼게 만드는 폰은 스마트폰일까 아니면 피쳐폰일까?

손주를 만난 할머니의 기쁨은 시각보다는 터치와 청각이다. 손주를 만나 안고 쓰다듬으면서 "아이고 내 새끼" 하며 청각을 자극한다. 위로는 어디에서 오는가? 터치가 동반되어야 한다. 손을 잡으며 체온까지 전달해야 효과가 배가 된다.

스티브 잡스는 대부분 쓸모없지만 대학에서 배운 게 하나 있다면 바로 서체 수업인 캘리그라피 수업이라 했다. 제품에 있어서 가장 중요한 한 가지가 인간의 감각이라는 사실을 알고 있었기 때문이 아닐까?

어느 자동차 판매왕의 비결을 들어보니, 손님들이 추운 겨울 밖에서 담배를 피우는 동안 손님을 위해서 헤어드라이어로 핸들을 따뜻하게 만들어 놓는 것이었다고 한다. 처음 오는 손님이 핸들을 잡았을 때 사람의 체온을 느낄 수 있도록 말이다.

백화점 판매왕의 비결은 '일단 만져보게 했다'고 한다. TV건 냉장고건 세탁기건 옷이건 말이다. 일단 만지면 사게 되어 있다. 내 체온이 전해지면 그 물건은 내 물건이 된다.

2012년 하우스푸어로 몸살을 앓을 때였다. 집값은 떨어지고 건설사는 부도 위기에 몰렸다. 당시 건설사의 새로운 마케팅은 "2년만 전세로 살아보고 싫으면 계약 안 해도 된다"였다.

미래에는 스마트폰을 넘어 새로운 기기가 나올 것이다. 우리는 텍스트(트위터, 카카오톡 등)에서 사진(인스타그램, 페이스북 등)으로 그리고 동영상(유튜브, 틱톡 등)으로 발전하는 시대를 살고 있다. 모두 스마트폰으로 가능하다.

그러나 동영상을 뛰어넘어 AR, VR 그리고 홀로그램으로 발전한다면 어떤 새로운 기기가 성공할까? 핥을 수는 없으니 만지는 기기가 성공하지 않을까? VR, AR은 단지 눈으로만 보면 성공할 수 없다. 입력방식은 스마트폰과 달라서 아마도 소리가 되지 않을까 생각한다. 바로 음성명령이다.

그러나 청각은 시각보다 앞설 뿐 촉각에 뒤진다. 따라서 음성명령의 마이크와 더불어 촉각을 써야 한다. 입력장치는 손가락으로 터치해야 한다. 문지르고 누르고 밀 수 있어야 한다. 반지 형태일 수도 있고 링일 수도 있다.

⭐ 결론

인간의 감각을 지배하는 자, 세상을 지배한다.

상류사회로 가는 세 가지

뼈 때리는 팩폭

로또에 맞아 몇 백억 원이 당첨되었다. 자 이제 무엇을 할 것인가? 아마도 부자 흉내내기가 먼저일 것이다. 강남아파트와 비싼 스포츠카, 럭셔리 명품으로 도배를 할 것이다. 그래도 상류사회 진입은 쉽지 않다. 상류사회는 돈만 많다고 들어가는 곳이 아니라 그들만의 불문율이 있기 때문이다.

브루디외(Pierre Bourdieu)는 각 계급 간에 '구별짓기'가 존재한다고 생각했다. 계급을 뛰어넘으려면 경제적 자본 이외에도 다음 세 가지가 더 필요하다고 했다.

- 문화자본(Capital Culturel)
- 학벌자본(Capital Scolaire)
- 사회관계자본(Capital de Relation Social)

계급을 뛰어넘는 데 필요한 추가 3가지

문화자본

우선 상류사회에서 문화자본이란 문화와 예술에 대한 깊이와 예술을 향유하는 능력에 있다. 음악, 미술, 스포츠 등을 망라한다.

트로트가 아니라 리스트, 파가니니, 슈베르트, 모짜르트 등은 알아야 한다. 전시회장에서 인상파 화가들에 대해 얘기는 할 줄 알아야 한다. 골프, 승마와 같은 고급스포츠도 즐길 줄 알아야 한다.

그런데 이 문화자본이라는 것이 잘 보면 19세기 브루주아가 즐기던 문화였다. 당시 부르주아는 현재 자본가 계급이 되었다. 따라서 상류사회는 그 당시 유행했던 예술품을 수집하고 음악을 들으며 스포츠를 즐긴다.

학벌자본

한국에서는 스카이와 같은 명문대를 졸업하면 학력자본이 생긴다. 정확히는 학력자본이 아니라 학벌자본이다. 학력은 대학이냐 대학원이냐로 결정나지만, 학벌은 명문대를 학부로 졸업했느냐로 따진다.

서울대 경제학과와 법학과를 동시에 나와 지금은 60대 정도가 된 사람이 있다. 그가 경제학과 동창회를 가면 웬만한 사람은 대기업 사장, 상무이고 법학과 동문회를 가면 국회의원, 고위 공무원이라고 한다. 이처럼 학벌이 좋으면 학벌자본이 생긴다.

사회관계자본

마지막으로 사회관계자본은 문화자본과 학벌자본이 있으면 자연스럽게 생긴다. 의대를 가면 의사친구가 생기고 로스쿨에 들어가면 변호사, 판검사 친구가 생긴다. 이것이 사회관계자본이다.

• • •

자본주의 사회에서 경제적자본이 있다고 하여 상류사회로 직행하는 것은 아니다. 경제적자본 이 외에 위의 세 가지 자본을 더해야 상류사회로 진입할 수 있다.

그러나 이 세 자본을 획득하려면 최소한 20년~30년이 걸린다. 벼락부자의 경우 자신은 진입이 어렵고, 겨우 자식 대에서 진입이 가능해진다. 그래서 벼락부자들이 자식들을 명문대 보내려 고액과외를 시키고 유학을 보내는 것이다. 경제적자본이 있다는 가정하에 셋 중 학벌자본이 가장 중요하기 때문이다.

이처럼 학벌자본, 문화자본, 사회관계자본은 상류사회로 가는 진입장벽인데, 이 셋이 있더라도 자본주의 사회에서는 경제적자본이 가장 중요하다. 아무리 스카이를 나오고 대기업 임원이 되어도 결국 돈이 없다면 상류사회에서는 고급 노예일 뿐이다.

각 계급의 불문율

자본주의에서 계급은 어떻게 나뉠까?

① 상류층
② 중산층
③ 하류층

이렇게 3가지다. 하류층은 중산층이 되려 노력하고 중산층은 상류층이 되려 노력한다. 하류층, 중산층, 상류층의 불문율을 알아보자.

돈

가끔 해외토픽 등을 보면 로또를 맞아 몇 백 억이 생긴 벼락부자가 몇 년 뒤에는 쫄딱 망해서 거지가 되었다는 뉴스를 보곤한다. 왜 그럴까? 하류층은 '돈이 생기면 나눠갖는 것'이 불문율이기 때문이다.

그동안 자신은 큰돈을 벌어보지 못했다. 따라서 운용할 능력이 없다. 그러니 이웃들에게 나눠주어 자신이 어려워졌을 때 도움을 받는다고 생각하고, 형제, 자매, 친척들에게 아파트, 자동차 등을 사준다. 그리고 돈을 펑펑 써버리고 결국은 몇 년 안 가서 거지가 된다.

하류층이 돈을 대하는 태도는 마치 원시공산사회와 같다. 원시인들은 냉장고가 없었다. 이웃이 냉장고다. 사냥으로 사슴을 잡으면 이웃들에게 나눠주어 이웃집 배에 저장시킨다. 그리고 사냥을 할 수 없을 때는 이웃들에게 도움을 받는다. 그것이 원시공산사회의 경제논리다. 돈은 몸으로만 벌 수 있다고 생각하기에 이런 태도가 생긴다.

그러나 중산층과 상류층은 다르다. 신석기 혁명은 농업혁명이다. 이때부터 쌀이나 밀을 오랫동안 저장할 수 있게 되었다. 농업의 잉여농산물 때문에 노예와 지배자의 계급이 생겨나고 더 많은 생산지인 농토를 빼앗으려 전쟁이 빈번해졌다.

따라서 중산층은 돈을 관리하는 것이라 생각하고 상류층은 돈을 보존하고 투자하는 것이라 생각한다. 돈을 소비한다는 하류층의 생각과 다르게 말이다.

가족구성

하류층은 여성 중심으로 돌아간다. 중산층은 남성 중심으로 돌아가고 상류층은 돈 있는 사람 중심으로 돌아간다.

왜 하류층은 여성 중심일까? 하류층의 경우 이혼 가정이 많다. 그러나 변호사가 필요없다. 나눌 재산이 없기 때문이다. 어머니가 재혼을 했다면 할머니 또는 외할머니의 손에서 길러지는 경우가 많다. 재혼을 여러 번 했다면 배다른 형제들과 같이 살 수도 있다. 이때 가족의 중심은 여성인 어머니다.

그래서 하류층 아이가 문제아가 되는 경우가 많다. 훈육을 잘하려면 가르침을 주거나 아이의 잘못된 행동을 바꿔야 한다. 그러나 어머니도 아이를 어떻게 훈육시켜야 할지 모른다. 훈육은 체벌과 음식으로 이뤄지는데, 잘못하면 때리고 이후 치킨을 사주면서 용서한다.

그러나 아이는 왜 맞았는지 모르니 다시 똑같은 잘못을 반복하며 문제아가 된다. 대부분은 아니지만 이렇게 자란 아이는 폭력적이 된다.

음식

하류층은 '배부르게 먹었나?'가 중요하다. 중산층은 '맛이 있었나?'가 중요하다. 상류층은 '보기 좋았나?'가 중요하다. 하류층은 음식은 생존이고 중산층은 질이 중요하며 상류층은 예술적 감각이 중요하다.

· · ·

가난은 대물림된다. 대물림되는 가난은 보통 두 세대 이상 가난한
상태를 벗어나지 못할 때를 일컫는다.

하류층에서 중산층으로 중산층에서 상류층으로 계층을 이동하려
면 어떻게 해야 할까? 교육과 인간관계 두 가지다. 하류층에서 중산
층으로 갈 때는 둘 중 하나만 있어도 된다. 공부를 잘해 명문대 진학
을 하거나 또는 전문직이 되면 된다. 어차피 육체를 쓰는 것은 똑같
으나 하류층은 주로 몸을 쓰고 중산층은 주로 머리를 쓴다.

그러나 상류층으로 가려면 교육뿐 아니라 인간관계가 중요하다.
배우자와 조언자, 즉 사람이 필요하다. 다른 계층으로 이동하려면
다른 계층의 불문율을 가르쳐주고 보여줄 배우자나 조언자가 필요
하다. 예를 들면 재벌2세 딸과 결혼한 사위나 재벌2세와 결혼한 아
나운서 등이 대표적이다. 계층 이동의 조언자는 학교에서 만날 수도
있고 사회에서 만날 수도 있다.

일본에서도 화승총을 제작할 때 책을 아무리 봐도 총을 만들 수
없었다. 네덜란드에서 기술자가 와서야 총을 만들 수 있었다. 결국
사람이 중요하다.

우리는 왜 그토록 상류사회 진입을 갈망하나?

많은 사람들이 상류사회 진입을 꿈꾸고 희망하는 이유가 무엇인가? 중산층과 하류층이 상류사회 사람들을 부러워하기 때문이다. 그것이 인간의 본성이다.

계층을 올라서려는 습성을 허영이라고 한다. 그래서 중산층은 돈을 벌어 명품을 사고 비싼 전세에도 강남으로 이사를 가고 번 돈의 대부분을 고액과외에 쓴다.

허영이 문제가 되는 이유는 미래를 목적으로 하기 때문이다. 중산층이 상류층이 되려면 돈이 있어야 한다. 따라서 현재 부족한 돈을 벌어 나중에 부자가 되어야 하는데 그러려면 지금 열심히 일을 해야 한다. 그렇다면 현재는 노예, 미래는 주인이 되는 공식이 만들어진다. 이것이 자본주의의 논리다.

자본주의 논리는 종교와 같다. 기독교에서 현재의 고통은 죽은 이후 천국에 가기 위함이다. 따라서 자본주의, 종교 모두 미래를 위해 현재는 노예로 살 수밖에 없다. 결국 자본주의의 논리에 포획되면 현재를 살아가는 내 삶은 주인이 아닌 노예이다.

자본주의의 논리를 깨기 위해 니체는 영원회귀로 극복하라 했다. 영원회귀란 현재의 삶이 영원히 반복된다는 것이다. 종교의 논리는 현재의 순간적인 고통이 지나면 죽은 다음 영원한 천국이 온다. 그러나 영원회귀의 입장에서 보면 현재의 고통은 다음 생에도 영원히 반복된다. 반대로 현재 즐겁게 살면 다음 생에서도 즐겁게 살 수 있다. 영원회귀의 논리로 본다면 고통받고 살 이유가 없다.

수십 년 간을 벽만 보며 수도를 하는 면벽도사가 있었다. 그 면벽도사가 죽을 때 문득 이런 생각을 한다. '지금까지 수십 년을 결혼도 안 하고 벽만 보며 욕망을 억누르면서 일생을 다 바쳐 수도를 했는데 그 이유는 극락에 가기 위해서다. 그런데 만약 죽고나니 극락이 없으면 어떻게 하지? 내 생은 망한 것인가?'

⭐ 결론

나는 천국이나 지옥, 윤회를 믿지 않는다. 컴퓨터의 모니터처럼 툭 꺼질 수 있다고 생각한다. 죽은 다음 아무것도 없을 수 있다. 허영을 좇으며 돈만 버는 삶은 면벽도사와 같이 고통만 받다 망한 삶이다. 현재를 즐기자.

20장 **마음 편한 투자법**

당신은 어떤 투자가 좋은가? 마음 쫄깃한 롤러코스터를 즐기는가 아니면 마음 편한 투자인가?

연애를 생각해 보자. 처음에는 심장이 말을 듣지 않지만, 시간이 지나면 무덤덤해진다. 이유는 심장에 무리가 가기 때문이다. 보통 6개월 이상 가지 못한다. 이를 두고 권태기라 말한다.

원시인의 뇌를 가지고 살아가는 현대인은 원시인의 뇌에서 영향을 받았다. 행복이 오래가지 못하는 이유는 적응하기 때문이다. 사냥으로 사슴고기를 잡아도 기쁨은 금방 사그러든다. 그래야 또 사냥을 하러 나갈 수 있기 때문이다. 만약 행복이 지속되면 굶어 죽게 되기 때문에 오래가지 못하는 것이다.

개미와 기관의 차이는 헤지를 하느냐 하지 않느냐에 있다. 개미는 당연히 올인을 하고 헤지를 하지 않는다. 그러나 기관은 환헤지를 하고 공매도를 통해서 헤지를 한다. 공매도는 숏, 가지고 가는 것은 롱 전략이다. 오를 것에 롱으로 베팅하고, 혹시 떨어지더라도 크게 손해를 보지 않는 숏포지션을 잡는다.

예를 들어 삼성전자와 같은 우량주에 투자했다면 오를 것에 투자한 롱포지션이고, 등락이 심한 바이오에 공매도를 치면서 숏을 잡아놓으면 크게 먹지는 못하더라도 크게 잃지는 않는다. 개미에게는 없는 전략이다.

주식투자가 부동산투자보다 손실이 큰 이유

헤지가 좋은 이유는 마음 편한 투자가 가능하기 때문이다. 주식투자가 부동산투자보다 불안한 이유는 변동성 때문이다. 변동성을 견디지 못하고 오를 때 사고 떨어질 때 팔면 손실이 눈덩이처럼 커진다. 평균 수익률을 보면 주식이 부동산을 능가하지만, 이런 변동성 때문에 주식투자자의 손실이 더 크다.

길을 가다가 5만 원을 주웠다고 하자. 이 돈으로 무엇을 할까? 딱히 할 것이 없다. 그러나 만약 5만 원을 잃어버렸다면? 그때는 크나큰 고통이 따른다. 이익의 즐거움보다 손실의 아픔이 10배는 크기 때문이다.

그런 면에서 마음 편한 투자를 해야 오래 즐기면서 주식에 투자할 수 있다. 마음 편한 투자는 삶을 행복하게 만든다. 주식투자의 궁극적 목적은 멋있고 좋은 삶이다. 돈은 수단일 뿐, 우리의 목적은 행복한 삶이다.

좋은 삶은 고통에 있지 않다. 투자를 하면서 스트레스를 받지 않아야 한다. 그러나 변동성이 크면 고통 받고 스트레스를 받는다. 고통과 스트레스를 겪는 한 주식 투자는 좋은 삶을 보장해 주지 않는다.

나(제이디부자연구소)의 투자법은 헤지를 동반한다. 2.5% 떨어질 때마다 10%씩 팔고, 5% 떨어지면 20%를 판다. 5%가 오르면 다시 산다. 그러나 5% 떨어졌다가 5% 오르면 손해를 본다. 사고팔 때 약 1%의 손실이 발생한다. 그러나 이러한 방식의 리밸런싱은 1%를 던져주고 잠을 편히 자자는 전략이다.

떨어질 때도 마음이 편하다. 올라가더라도 어차피 80%는 주식을 산 롱포지션을 잡고 있기 때문에 오르면 유리하다. 그러나 떨어져도 2.5% 빠질 때마다 10%씩 팔게 되니 평단가를 낮출 수 있다. 양쪽으로 어떤 상황이 벌어진다고 해도 잠 못잘 일은 없다. 심장의 바운스가 너무 오래 지속되면 오래 살지 못한다. 리밸런싱은 장수 투자법이다.

수비수와 공격수 중 스트레스가 높은 쪽은 어디일까? 수비수다. 공격수는 자신이 생각하는대로 공격을 진행하면 된다. 그러나 수비

수는 상대편 공격수를 예측하여 수비해야 한다. 따라서 스트레스가 쌓인다. 사람은 예측하지 못할 때 스트레스가 쌓인다. 혹은 숫자화되고 규정되지 못할 때 스트레스가 쌓인다.

리밸런싱을 하면 떨어지면 비율대로 팔면 되니 마음이 편하다. 올라가면 올라가는 대로 마음이 편하다. 오르거나 떨어지거나 모두 대책이 있으니 마음이 편하다.

나스닥 지수에 -3%가 뜨면 떨어질수록 말뚝을 박으면 되니 마음이 편하다. 급락기에도 마음에 흔들림이 전혀 없다. 오르더라도 상승을 즐기면 되니 마음이 편하다. 오르건 떨어지건 다 즐길 수 있다.

세계 1등주 투자는 떨어지더라도 마음이 편하다. 주식을 고르기 위해서 연구할 필요가 없으니 마음이 편하다. 그리고 우상향을 믿으니 리밸런싱 투자와 같이 물타기를 편하게 할 수 있다. 그러나 1등을 제외한 어떤 주식도 우상향을 믿지 못하니 물타기를 못하고 손절을 하니 꼭 손해가 난다.

나는 시장에 순응하는 투자를 지향한다. 시장이 주는 힌트에 대응해서 투자한다. 결코 시장에 맞서지 않는다. 시장에 맞서 이길 수도 있지만 변동성에 멘탈이 흔들리고 언젠가 내 고집대로 투자하다 한번 크게 당하면 재기불능에 빠질 수 있다. 50% 이상 떨어지는 시장에서 버티고 버티다가 손절하고 나왔는데, 그때부터 오르면 죽고 싶을 때가 있을 것이다. 혹은 3배 레버리지를 쓰다가 33% 이상 빠지면 빈털터리가 되는 것이 시장이다.

⭐ 결론

존버를 하면 더 벌 수는 있지만 변동성이 커지면 마음이 편하지 않다. 그러나 오르거나 떨어질 때 모두 대책이 있다면 마음 편한 투자가 가능해진다.

21장 통찰력 있게 생각하는 법

2021년 7월 '브라질의 이상기후로 커피콩값 6년 만에 최고'라는 기사가 떴다. 세계 최대 커피 생산지이자 수출국인 브라질에서 27년 만에 최악의 한파가 발생해 커피의 주원료인 커피콩 선물 가격이 6년 만에 최고치를 경신했다.

트럼프 정부에서 국가무역위원장을 지냈던 피터 나바로는《브라질에 비가 내리면 스타벅스 주식을 사라》는 책을 썼다. 브라질의 비와 스타벅스 주식 사이에 무슨 상관관계가 있을까?

브라질에서는 전세계 커피의 32%가 생산된다. 그런데 비가 내려 가뭄이 해소되어 커피 생산량이 늘어나면 스타벅스의 이윤이 증가하므로 주가 상승을 이끈다는 것이다.

그런데 이번에는 커피콩 값이 최근 6년 내 최고다. 상품 거래업체 ED&F맨의 코나 하케 연구 책임자는 "브라질에선 내년 커피 수확분이 400만~500만 포대 줄어들 것"이라며 "작년 수확량과 비교하면 10분의 1에도 못 미치는 수준"이라고 우려했다.

커피생산량이 1/10토막 났다. 그렇다면 이 한파로 스타벅스의 주가가 떨어질까? 아니다. 스타벅스는 한파를 계기로 커피값을 올린다. 그러므로 이윤도 늘어난다. 한 번 올린 커피값은 떨어지지 않으니 스타벅스의 장기적인 이윤에 더 도움이 된다. 물론 스타벅스는 1년치 원두를 쟁여놨다고 한다. 그러니 쟁여놓은 원두로 팔면서 가격까지 올린다면 일석이조다. 다음해 한파를 맞지 않으면 이익은 더 늘어난다.

여기서 주목할 점은 스타벅스의 가격결정권이다. 커피 원두가 풍년이라 생산량이 많아지면 매입비용은 줄어드는 대신 커피 가격은 그대로이니 이익이 늘어난다. 커피 원두가 흉년이라 생산량이 줄어들면 커피가격을 올려 매입비용을 소비자에게 전가하니 이익이 늘어난다. 어느 경우도 스타벅스는 돈을 버는 구조다.

가격 결정권이 있는 기업은 브랜드 파워가 있는 기업이다. 브랜드 파워가 있는 기업은 더 이상 시장이 늘어나지 않으면 가격을 올려서 이익을 늘린다.

질레트 면도기도 같은 경우다. 면도기는 신흥시장이 없다. 이미 쓸 사람은 다 쓰고 있다. 그런데 기업은 성장을 해야 한다. 따라서 성장을 하려면 소비자 가격을 올리는 수밖에 없다. 시장이 그대로여도

가격을 올리면 이익이 늘어난다.

이런 정책은 주로 소비재 기업이 쓴다. 워런 버핏의 시즈캔디 같은 기업이 그렇다. 매년 가격을 올려 영업이익이 올라가고 그로 인해 주가가 상승한다.

그러나 이런 기업도 약점이 있는데, 바로 비싼 가격이다. 시장은 늘어나지 않고 무한정 가격을 올리다 보면 어느 순간부터 사람들이 생각하는 가격보다 훨씬 비싼 가격에 이르게 된다. 이때 스타트업이 저렴하면서 품질 좋은 제품으로 전통적인 기업의 약점을 파고든다.

질레트에 대항해 마이클 더빈이 창업한 달러쉐이브클럽이 그 예다. 마이클 더비는 달러쉐이브클럽을 질레트에 팔면서 10억 달러를 벌었다. 이외에도 룩소티카에 대항한 안경테 스타트업 와비파커가 있고, 시몬스에 대항한 메모리폼 스타트업 터프트앤니들이 있다. 이러한 형태의 사업을 D2C(Direct to Consumer: 소비자에 직접 판매)라고 한다.

과연 통찰력이란?

통찰력은 이어서 생각하는 힘이다. 마치 나비효과처럼 말이다. 스티브 잡스는 창의력의 비결을 '그저 연결하는 것'이라 했다.

1979년 12월 애플의 스티브 잡스가 제록스(Xerox)의 팔로알토연구센터(PARC)를 방문했고 그래픽 사용자 인터페이스(Graphical User Interface, GUI)와 마우스를 보고 영감을 받아 애플의 매킨토시를 만들었다. 스마트폰은 피처폰과 PDA의 결합이었고 애플을 수렁에서 구한 MP3플레이어인 아이팟은 아이리버를 벤치마킹 했다.

그래서 파블로 피카소는 이렇게 말했다.

"유능한 예술가는 모방하고, 위대한 예술가는 훔친다."

통찰력은 많은 책과 경험을 통해 생겨난다. 입력이 많아야 하나의 의미 있는 출력이 나온다는 얘기다. 나는 책을 읽을 때 인상깊은 구절 옆에 그 구절을 새길 수 있는 포스트잇을 붙인다. 좋은 책일수록 더 많은 포스트잇이 붙는다. 그리고 사진을 찍어 클라우드에 올려놓는다.

책은 밑줄 치며 외우는 것이 아니다. 끊임 없이 책을 읽으면 반복되는 이야기가 자연스레 생각에 스며든다. 한 분야의 책을 집중적으로 읽으면 된다. 예를 들어 대공황에 관한 책을 최소 10권 이상 읽으면 새로운 책을 읽을 때 80%는 아는 내용이므로 그냥 넘어가고 새로운 내용이나 통찰력 있는 작가의 시각을 담은 내용만 보면 된다.

그리고 반드시 글을 써야 한다. 신문기사를 읽거나 뉴스를 보다가 어울릴 만한 에피소드가 있다면 책을 찾아보고 글을 쓴다. 생각만 해서는 통찰력이 생길 수 없다. 끊임없이 글을 써서 남과 나에게 검증해야 한다. 책을 읽을 때 나는 스토리만 본다. 수백 장의 스프레드시트보다 하나의 스토리가 사람의 마음을 움직인다고 했다. 책을 읽고 수많은 수식과 그래프는 남에게 얘기해 줄 수 없고 기억에 남지도 않는다. 따라서 그런 것들은 스쳐지나가듯 넘긴다. 다만 인과관계가 있는 스토리가 넘치는 책이라면 메모를 한다. 반대로 의미 없는 정보만 나열되어 있는 책은 책이 아니다. 나는 이런 책들은 중고서점에 바로 팔아버린다.

과학자의 연설이 재미도 없고 따분한 이유는 스토리가 없기 때문이다. "옛날 옛날에~"로 시작하는 할머니의 전래동화가 오래 기억나는 이유는 인과관계가 있는 이야기라서 그렇다. 아무리 길어도 한 번만 들어도 처음부터 끝까지 연결하여 얘기할 수 있다. 이런 에피소드가 많은 책이 좋은 책이다.

브라질의 이상기후와 스타벅스의 커피 가격, 브랜드가 높은 기업과 그들이 이익을 높이는 과정과 스타트업이 약점을 치고 들어가는 과정, 바로 이러한 것들이 인과관계를 가진 스토리다.

⭐ 결론

책을 많이 읽으면 연결하여 생각할 수 있고, 글을 쓰는 습관을 들이면 통찰력을 키울 수 있다.

22장 해외주식 100조 시대, 앞으로의 전망은?

2021년 기준 국내 투자자의 해외 주식투자 잔액은 889억 5,010만 달러(약 101조 7,400억 원 · 7월 말 기준)로 집계됐다. 2019년 50조 원에서 1년 반만에 두 배를 넘기며 해외주식 투자가 대세로 굳어지고 있다.

이들은 주로 '꿈의 주식'으로 분류됐던 테슬라를 비롯해 애플, 아마존, 구글(알파벳), 엔비디아 등 나스닥 성장주(빅테크)들을 대거 보유하고 있다.

일본의 경우, 국내 인건비 상승으로 글로벌시장에서 경쟁력이 약화되자 해외로 공장을 옮겼다. 우리나라도 비슷한 추세를 보이고 있고, 한번 옮긴 공장이 국내로 돌아오는 사례는 거의 찾아보기 어렵다. 세제혜택이라는 당근을 제시하여 몇몇 기업이 유턴을 하기도 했지만, '속았다'는 기업이 많은 것으로 봐서 유턴은 더욱 어려워질 전망이다.

일본은 '와타나베 부인(남녀 불문 용어지만, 주로 일본 가정 내에서 가계의 저축 및 투자를 전담해 온 일본 가정주부들을 지칭한다)'이라는 용어가 생길만큼 해외 직접투자가 활발해졌다. 한국 역시 마찬가지다. 일본의 경우 해외 직접투자로 벌어들이는 돈이 수출을 앞질렀다. 상품을 팔아서 내는 무역흑자 대신 주식이나 채권 등 투자를 통한 돈벌이가 중심축이 됐다는 의미다.

일본은 오랜 기간 고착화된 엔고 시대를 살아왔다. 공장은 인건비가 싼 해외(주로 이머징 국가)로 나가서 미국, EU 등으로 수출을 한다. 그러니 수출을 통해 벌어들이는 외화가 갈수록 적어진다. 반면 해외 직접투자로 인해 벌어들이는 돈(배당금, 투자수익 등)은 갈수록 커진다. 게다가 수입해야 하는 석유 등 화석연료는 갈수록 비싸고 많아지니 강한 엔화가 더 유리한 입장이다. 즉 엔화가치가 떨어지면 수입 물가의 상승으로 오히려 손해라는 의미가 된다.

앞으로 한국도 환율정책을 달리할까? '환율은 올라가는 것'이 지금까지 정부의 정책방향이었다. 예를 들어 환율이 올라가면 수출이 잘 되고 그로 인해 수입에 의한 적자보다 수출에 의한 흑자가 더 크니 앞으로도 올라간다고 봐야 한다. 또한 공장의 해외 이전으로 국내에서 수출이 감소하고 해외자산 투자가 늘어나면 일본이 갔던 길을 따라갈 수 있다. 정책당국 입장에서 비싼 원화정책으로 밀고 나갈 수 있다는 의미다.

그러나 조금 더 생각해 보면, 일본은 원인과 결과가 뒤바뀐 경우일 수 있다. 일본은 1985년 플라자 합의로 엔고가 확정되었고 그로 인해 수출기업이나 개인이 엔고에 적응해 왔다. 기업 입장에서 국내 보다 해외 수출이 유리하므로 당연히 해외로 공장을 옮겼고, 개인의 경우도 엔고 상황에서 상대적으로 국내기업보다는 해외 우량한 기업에 대한 투자가 고착화 되었다. 일본경제가 전반적으로 30년 이상 지속된 엔고에 적응했던 것이다.

그러나 한국은 일본과 다를 수 있다.

미국은 비싼 달러를 원한다

미국은 대(對)한국 무역수지에서 적자가 커지다 보니 한국을 환율조작국으로 지정하네 마네 하고 있다. 그러나 실은 미국의 달러가 비싸야 한국 물건을 싸게 사올 수 있다.

사실 비싼 돈은 국민들에게 좋다. 수입이 쉬워지고 수입물가가 싸지기 때문이다. 게다가 미국 달러는 윤전기로 찍어내기만 하면 되기 때문에 시뇨리지 효과(실제 화폐의 액면가에 비해 제조비용이 적게 들고 그 차액만큼 이익이 생기는 것)가 엄청나다.

이런 비싼 달러 정책을 미국이 버릴 리가 없다. 따라서 미국은 비싼 달러 정책을 지속할 것이고 한국은 미국 달러보다 원화가 더 싸져야 하니 지속적으로 달러/원 환율은 올라갈 수밖에 없다.

한국의 원화는 일본의 엔화처럼 기축통화가 아니다

엔화는 달러화, 유로화, 파운드화처럼 기축통화다. 따라서 위기에는 엔화를 사려고 해외에서 돈이 몰려든다. 그러나 우리의 원화는 엔화에 비하면 해외에서는 가치가 없다. 원화가 비싸지려면 원화를 찾는 수요가 있어야 하는데 원화로는 할 수 있는 일이 많지 않다. 원자재도 석유도 살 수 없다. 오로지 한국 내에서만 통용될 뿐 원화를 찾는 외국인은 극히 드물다. 국제적인 수요가 넘치는 달러에 비해 원화는 국제적인 수요가 낮아 원화가 비싸지기는 사실상 힘들다.

이렇게 원화가치가 절하되면 손해보는 사람은 누구인가? 한국의 개인이다. 석유도 원자재도 공산품도 명품도 비싸게 사올 수밖에 없으니 한국에 사는 개인은 손해다. 투자에 있어서도 국내에 투자한 개인들이 상대적인 손해를 입게 된다.

이 사실을 간파한 스마트한 개인들이 해외투자를 시작했고, 그 규모도 점차 커지고 있다. 환율은 해외투자자에게 유리하게 작용할 가능성이 크고, 갑자기 위기가 찾아온다면 환율 효과는 배가 될 것이다. 따라서 해외에 투자하면, 초유량한 기업에 투자한 대가로 가격

상승과 배당금, 거기에 환율까지 덤으로 얻게 된다.

⭐ 결론

해외 우량자산에 투자하면 부자 되는 속도가 2배로 빨라진다. 이처럼 새로운 길을 제시하는데도 내가 가고 있는 길에 익숙해져, 새로운 길로 눈조차 돌리지 않는다면 그만큼 자신의 투자인생에 손해일 수밖에 없다. 적극적으로 알아보고, 필요하다면 유연한 태도로 경로를 바꿔보기 바란다.

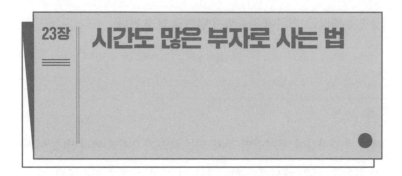

23장 시간도 많은 부자로 사는 법

소중한 인생, 시간을 소중히 여기는 투자를 하라

반복적으로 강조했듯이 세계 1등주 투자는 돈과 시간을 동시에 버는 방법이다. 지수 ETF 투자만큼 쉽고, 1등이 바뀌지 않는 한 팔지 않아도 된다. 미국주식에 투자하고 세계 1등 주식에 투자하면 업무시간에 주식창을 볼 필요가 없다. 밤 10시30분(섬머타임 적용 기준) 장이 시작할 때 상황을 살펴보고 다음날 장이 끝날 때인 오전 5시(섬머타임)에 그날의 시세를 체크하면 된다. 초장보다는 장 마감 시간이더 중요하다.

대부분의 투자법도 그렇고, 투자자들도 그렇고 많은 시간을 종목을 고르는 데 사용한다. 재무제표와 차트 등을 참조해 종목을 고른 후 포트폴리오 분산을 한다. 여기서 끝이 아니다. 고생은 여기부터다. 등락에 따라 차트를 보며 흐름을 수시로 체크할 뿐만 아니라, 매수와 매도 시점을 찾느라 헤매기 일쑤다. 이유는 내가 산 주식을 온전히 믿지 못하기 때문이다.

워런 버핏이 이끄는 버크셔해서웨이의 연평균 투자수익률은 21%쯤이지만, 그도 한때는 단타를 치기도 했다. 그해 기록한 수익률은 40%였다. 그런데 그만뒀다. 너무 많은 시간을 들여야 했기 때문이다. 그래서 51% 비중으로 오랫동안 세계 1등이었던 애플에 투자하고 있는 것이다.

워런 버핏은 리밸런싱이나 말뚝박기 등을 알고도 할 수 없는 입장이다. 그가 보유주식의 1%만 팔아도 시장이 흔들리기 때문에 10%씩 파는 리밸런싱과 한 번에 몇십%씩 파는 말뚝박기는 할 수 없다. 코로나 같은 위기상황에서도 개인은 팔 수 있지만 버핏은 팔 수 없다. 개인투자자인 당신, 어떤 방식을 따르는 게 좋겠는가? 다만 버핏도 주가가 많이 오르면 현금 비중을 서서히 늘리는 전략을 편다.

세계 1등주 투자법은 안정적으로 자산을 크게 늘리면서 다른 투자자들보다 시간은 적게 들이는 길이다. 만약 단타투자자라면 아침 9시부터 장이 끝나는 오후 3시 30분까지 컴퓨터 책상 앞에 얼음처럼 정지해 있어야 한다. 끼니를 떼울 때도 주식창을 수시로 응시해야 하고, 화장실도 후딱 다녀와야 한다. 장이 끝나면 그때부터는 오늘의 복기와 내일의 준비에 쉴 틈이 없다.

투자의 세계에서 일은 내가 하는가, 주식이 하는가? 당신은 고용인인가, 피고용인인가? 당신을 위해 일해줄 직원을 채용할 것인가, 스스로 모든 일을 다 처리할 것인가? 가능하면 나 대신 일해줄 사람을 구해 내 시간을 늘리고 싶을 것이다. 투자도 마찬가지다. 주식에 투자했으면 기업이 나를 위해 일하게 해야지, 내가 일을 하고 있으면 안 된다. 그건 투자가 아니라 노동에 지나지 않는다.

그렇게 노력해서 결과와 보람이 있다면 할말이 없다. 문제는 세계 1등주 투자자에게 매번 진다는 데 있다. 애플이 세계 1등에 올라선 이후 5년간 애플만 보유했다면 2021년 8월 26일 기준 수익률은 454%였다.

왠만한 단타고수는 물론 워런 버핏도 뛰어넘는 성적이다. 뛰어봐야 벼룩이라고, 한 해 반짝 좋을 수는 있으나 지속적으로 좋을 수는 없다. 증시라는 지뢰밭을 건너며 한 번도 실수하지 않을 확률은 제로에 수렴한다. 한 번이라도 지뢰를 밟으면 치명타가 따른다.

시스템을 통해 지뢰탐지기를 들고 가겠다는데 왜 그 길을 거부하는가? 목숨을 건 스릴이 살아있음을 느끼게 해주기 때문이라면 말릴 이유를 찾지 못하겠지만 그게 아니라면 지뢰밭에 안전한 발판까지 놓아주는 이 투자법을 절대 그냥 지나치지 말기 바란다.

단타투자는 결국 시간만 버리고, 몸 상하고, 자산까지 위험해지는 길이다. 소중한 인생을 주식에 매달려 죽이려 하지 말자. 남들이 낮

시간을 통으로 허비하고 저녁까지 주식에 매달릴 때 나는 인생다움에 시간을 쓰자.

남는 시간은 오로지 당신의 것이다

우선 잘할 수 있는 일에 몰입하면 사람들로부터 인정을 받는다. 인정을 받으면 자존감이 높아져 살 만한 인생이 된다.

어차피 건강을 잃으면 다 잃는 것이므로 운동도 좋고, 평소 하고 싶었던 일을 하면 된다. 굳이 남에게 보여주고 증명할 필요 없이 내가 만족하면 그만이다. 악기, 그림, 노래 무엇이든 행복을 채우는 일이라면 상관없다. 딱히 생각나는 것도 없고 혼자하기도 힘들다면 누군가에게 배워서 익히면 된다. 점차 몰입하며 재미를 느끼고 시간이 지나 남에게도 인정받을 수 있다.

독일의 심리치료사인 롤프 메르클레가 이렇게 말했다.

"천재는 노력하는 사람을 이길 수 없고 노력하는 사람은 즐기는 사람을 이길 수 없다."

공자도 비슷한 말을 했다. 그러니 즐기면 언젠가 천재도 이긴다.

나눔도 수시로 해피엔딩의 행복감을 누리게 하는 좋은 선택이다. 나의 것을 줄여 나누면 자존감은 그보다 훨씬 더 올라간다. 받는 이보다 주는 이가 더 많이 받는다. 아래쪽 물이 흘러가야 윗쪽 물이 스며들듯이 비우고 나면 더 크게 채워짐을 믿는다. 그래야 부의 강줄기도 더욱 신선하고 깨끗해질 수 있다. 그렇게 시간 부자, 마음 부자가 되어보자.

⭐ 결론

인생은 한 번뿐이다. 일은 주식에게 시키고, 우리는 시간 부자로 살자. 쉴새없이 노력하여 결과가 좋다면 어떻게 말리겠는가. 하지만 보통은 그렇지 못하니 이런 제안을 하는 것이다. 투자 때문에 시간도 버리고, 건강도 버리는 어리석음을 저지르지 말자. 그 길이 아니어도 더 빨리 도착할 수 있는 지름길을 이 책에서 제시하고 있지 않는가.

24장

월급쟁이가 단계별로 부자 되는 방법

직업을 갖는 단계

물려받은 재산이나 사업체가 없다면 대부분의 일반인은 취직을 준비한다. 학창시절 공부를 잘하면 안정적인 직장을 가질 수 있다. 일단 남들보다 출발선에서 한 발 앞설 수 있다. 물론 물려받은 재산 등이 있는 금수저보다는 훨씬 뒤처지겠지만 말이다.

대표적으로 안정적인 직장은 고소득 전문직(의사, 변호사 등)과 대기업 등이다. 여기서 사업을 차려 대박을 내는 경우는 제외한다. 지금은 월급쟁이가 단계별로 부자가 되는 방법을 모색하고 있기 때문이다.

안정적인 직장이 남들보다 한 발 앞선 출발점을 선물하는 이유는 무엇일까? 내가 만약 취준생인데 취업원서를 수십 군데 넣었어도

다 떨어졌다면 무엇을 해야 하는가? 공무원 준비를 하면서 배달 등 아르바이트를 뛰어야 한다. 공무원 경쟁률이 100대 2므로 98명은 떨어진다. 이런 구조 속에서 돈을 모으기란 불가능하고, 청춘의 대부분을 고시원에서 보내야 할 수도 있다. 다행히 합격통지서를 받으면 보상이 뒤따르지만 그마저도 실패하면 아까운 청춘 다 날리는 것이다.

출발선에서 앞서려면 최소한 보통의 집안에서 태어나 머리가 좋은데다 공부도 열심히 해야 한다. 그러나 1997년 IMF 이전에는 상황이 달랐다. 당시에는 대학만 졸업해도 취업이 쉬웠기에 출발선이 그나마 비슷했다. 아무리 안정적이라도 대졸자가 9급 공무원 시험에 응시하지 않는 시대였다.

종잣돈 만드는 단계

종잣돈의 정의가 사람마다 다를 수 있지만 통상 1억 원을 기준으로 잡는다. 1년 수익률 25% 정도의 재테크 상품이 있고, 종잣돈이 100만 원이라면 1년 후 125만 원이 된다. 그런데 1억 원이라면 1억 2,500만 원이다. 25만 원은 알바로도 얼마든지 만들 수 있는 돈이지만, 2,500만 원은 중소기업 신입사원 연봉이다. 따라서 1억 정도는

반복되는 상승과 하락 사이에서 **지속적으로 기회 잡는 법**

되어야 안정적인 재테크 상품에 투자할 수 있게 된다. 물려받은 돈이 없다면 어떻게 해서든 1억을 빨리 모아야 진짜 재테크를 시작할수 있다.

그런데 많은 이들이 1억을 모으려 하지 않고 100만 원을 1억으로불릴 생각만 한다. 1억을 모으려면 300만 원 받는 사람이 200만 원은 생활비로 쓰고 나머지 100만 원을 100달 동안 모아야 한다. 8년 4개월이다. 속도를 반으로 줄이려면 생활비를 100만 원으로 줄이고, 50달 동안 200만 원씩 모으면 된다. 그러면 4년 2개월이다.

말이 4년이지 당사자에게는 고통스러운 시간이다. 충분히 포기하고도 남는 긴 시간임에 틀림없다. 그렇다고 재테크까지 포기할 수는없으므로 100만 원으로 게임스탑과 같은 밈주식(온라인에서 입소문을타 개인투자자들이 몰리는 주식)이나 잡코인에 투자한다. 1년에 25%도꽤 큰데 여기에 만족하지 못하고 1년에 2배 또는 10배짜리에 베팅한다.

그러나 결론은 늘 그렇듯 역시나다. 혹시나가 맞아떨어진 소수를빼면 대부분은 고점에 들어갔다가 물리고 만다. 물리지 않았다면 손해 보고 팔았기 때문이다.

그래서 월 500만 원 또는 월 1000만 원 정도의 소득을 올리는 편이 1억을 모으는 더 빠른 길이다. 그러나 이 조건에 부합하려면 애초부터 좋은 직업을 가져야 한다. '공부를 잘했다면 성적이 좋았을 텐데'라는 말과 같다. 어차피 바뀌지 않는다. 결국 뼈를 깎는 노력으로 종잣돈을 모으는 수밖에 없다.

사람들이 로또를 좋아하는 이유는, 매일 벌어 매일 쓰느라 저축을 할 수 없는 현재의 상황을 벗어나고 싶기 때문이다. 이렇게 해서는 10년이 지나도 20년이 지나도 나아질 기미가 보이지 않는다. 인생을 역전하려면 로또라도 사야 한다. 그럼에도 불구하고 최대한 빨리 종잣돈 1억을 만들어 스노우볼 효과를 누리는 것이 더 빨리 부자가 되는 길이다.

소비재와 자본재 구분하기

좋은 직업을 가지고 있어도 소비재와 자본재를 구분하지 못하면 1억 만들기가 불가능할 수 있다.

세계적인 가수 리한나는 과소비로 인해 파산까지 간 일이 있었다. 그녀는 자신의 자산관리사를 고소했다. 그러자 자산관리사는 이렇게 말했다.

"그렇게 돈을 많이 쓰면 돈은 없어지고 물건만 남는다는 말까지 해야 했나요?"

리한나는 소비재와 자본재를 착각했다. 소득을 소비재와 교환하느라 정신이 없었고, 결국 소비재만 남게 되었다. 만약 그녀가 돈을 자본재와 교환했다면 불어난 돈 때문에 자산관리사에게 보너스를 줬을지도 모른다.

소비재는 사고나면 가격이 떨어진다. 반면 자본재는 사고나면 가치가 올라간다. 소비재는 대부분 물건이다. TV, 냉장고 등 가전제품뿐 아니라 가구, 자동차, 명품가방 모두 소비재다. 일부 명품은 사고나서 오르는 경우도 있지만 오르기를 기대한다면 차라리 자본재를 사는 것이 낫다.

대표적인 자본재는 주식과 부동산이다. 그래서 1억 원의 종잣돈을 모을 때도 저축보다는 우량한 주식을 꾸준히 사는 편이 낫다. 저축의 연간 이자가 몇%대인 데 반해 주식은 25% 이상도 가능하기 때문이다. 지름길을 마다할 필요가 없다.

월 1,000만 원을 버는 전문직이더라도 버는 돈보다 쓰는 돈이 많으면 1억은커녕 마이너스가 안 되면 다행이다. 리한나처럼 말이다.

그런 면에서 배우자도 잘 만나야 한다. 돈 쓰기 좋아하는 배우자를 만나면 한쪽이 아무리 돈을 모아도 한쪽으로 돈이 새기 때문에 결국 부자되기는 다 틀려버린다. 따라서 결혼 전 배우자의 경제관념을 잘 살펴보아야 한다.

일단 1억을 최대한 빠른 속도로 모으면 그때부터 스노우볼 효과가 발생한다. 위에서 25% 수익이 나는 자산에 1억을 투자하면 연간

2,500만 원의 수익이 생긴다 했다. 그 수익을 고스란히 재투자하면 복리의 효과라는 것이 생긴다. 100만 원 투자해서 25만 원 버는 것과 차원이 다르다. 큰 눈덩이를 굴려야 커지는 속도가 눈에 더 잘보인다. 좁쌀이 아무리 여러 번 굴러봐야 호박이 한 번 쿵 하고 구르는 게 낫다.

1억 원을 연간 수익 25% 상품에 투자했을 때 10년이면 얼마일까? 단리라면 2,500만 원X10년은 2억 5천만 원이다. 그러나 복리라면 1억 2,500만 원에 다시 25%를 곱하는 식으로 가기 때문에 10년 후에는 10억 원이 된다. 즉 10배, 텐배거다. 그리고 또 10년이 흘러 20년이 지나면 100배로 커진다. 1억이 20년 후 100억 원이 된다.

경제적 자유 얻기

사실 10억이면 어느 정도의 경제적 자유는 얻을 수 있다. 주식에서 '맥쿼리인프라(티커 088980)는 최근 1년간 13%가 올랐으며 지난 5년간은 43.5% 올랐다. 뿐만 아니라 이 주식의 배당수익률은 약 6%다.

10억을 이 주식에 올인하면 1,000만 원의 세금을 떼고도 약 5,000만 원 정도의 배당이득을 얻는다. 월급으로 따지면 매달 450

　　　반복되는 상승과 하락 사이에서 **지속적으로 기회 잡는 법**

만 원이다. 완벽하지는 않지만 어느 정도의 경제적 자유를 얻을 수 있는 금액이다. 20년 후 1억을 100억으로 만들었다면, 한 달 배당 소득이 무려 4,500만 원이다.

그러나 100억으로 자산을 증식해도 맥쿼리인프라에 투자하지 않는다. 25%의 수익률을 올릴 수 있는 주식에 투자하기 때문이다.

매년 25%의 수익을 주는 자산은 찾으면 된다. 이 책을 앞에서부터 읽어왔다면 정답이 눈에 보일 것이다. S&P500의 경우 매년 배당 수익을 포함해 수익률은 10.1% 정도다. 그리고 이보다 앞서는 주식이 있는데, 바로 시가총액 세계 1등 주식이다.

워런 버핏의 절친 찰리 멍거가 버핏에게 물었다.

"얼마나 많은 주식을 사고 팔아야 하는가?"

워런 버핏은 평생 20개 종목이면 충분하다고 했다. 1년이 아니라 무려 평생이다. 그러나 찰리 멍거는 평생 3개면 충분하다고 했다. 이들이 모였으니 현재 버크셔해서웨이가 세계 1등주를 추종하는 게 아니겠는가.

부자의 기준은 사람마다 제각각이다. 얼마가 있어야 부자인지는 모르겠지만, 10억만 있어도 맥쿼리인프라를 사놓고 좋은 삶을 즐기는 데 부족하지 않다.

⭐ 결론

돈을 잘 벌 수 있는 직업을 얻어 소비재와 자본재를 구분해 투자해 뼈를 깎는 고통으로 1억 원을 모아 매년 25%씩 10년 동안 자산을 불리면 10억이 되고, 20년이 지나면 100억이 된다. 이것이 월급쟁이가 단계별로 부자 되는 방법이다.

반복되는 상승과 하락 사이에서 **지속적으로 기회 잡는 법**

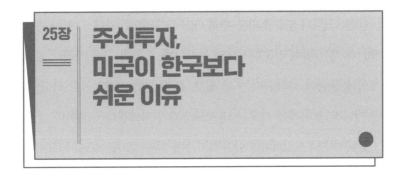

한국보다 미국 주식투자가 쉬운 이유를 결론부터 얘기하자면 미국이 한국보다 GDP를 쉽게 늘릴 수 있기 때문이다.

한국은 혁신이 있어야 GDP를 증가시킬 수 있는 반면 미국은 소비만 살아 있으면 GDP가 늘어난다. 미국은 소비로 GDP를 늘리고 한국은 제조업을 통한 수출로 GDP를 늘리기 때문이다. 이 중 무엇이 더 쉬운 게임일까? 치열하게 물건 만들어서 팔기가 쉬울까? 소비가 쉬울까? 당연히 소비다.

미국은 기축통화국이므로 소비만으로 GDP를 늘릴 수 있다. 전 세계는 달러를 벌기 위해 혈안이 되어 있다. 자신이 잘할 수 있는 일에 집중해 달러를 벌어들인다. 대부분의 국가는 수출을 통해서만 달러를 벌어들일 수 있는데 미국은 다른 나라 물건을 사주기만 해도 GDP가 늘어난다.

물론 다른 나라도 소비를 통해 GDP를 늘릴 수 있다. 그러나 근본적인 차이는 빚이 천문학적으로 늘어나면 그 나라 국채 가격이 떨어져 신용등급이 하락한다는 데 있고, 문제가 발생한다. 여기서 문제란 에너지, 원자재를 사오는 데 조달원가가 비싸진다는 점이다.

중국의 경우도 2008년 금융위기 이후 내수경기를 살려서 GDP를 늘렸다. 그래서 남은 것은 1억 채의 빈집과 헝다사태와 같은, 언제 터질지 모르는 부동산 부채 문제다. 위안화 국채야 스스로 갚겠지만 달러 부채는 벌어서 갚아야 한다.

그러나 미국은 다르다. 미국은 2020년 코로나 위기로 인해 한 해 4조 달러를 찍어냈다. 중국이 WTO 가입 이후 2001년부터 2021년까지 20년간 죽어라 일해 모은 외환보유고가 3조 달러(2조 달러라는 말도 있다)다. 윤전기만 돌렸던 미국에 비한다면 중국 입장에서 억울할 만하다.

제아무리 중국이라도 원자재의 대부분이 달러결제이기 때문에 달러가 없으면 디폴트가 발생한다. 따라서 내수만 키워서는 발전에 한계가 있을 수밖에 없다. 반면 미국은 내수만 키워도 발전에 한계가 없다. 미국은 달러패권만 유지하면 된다.

그렇다면 미국은 달러를 무한정 찍어내도 괜찮은가? 괜찮다. 달러패권만 유지한다면 말이다. 만약 달러가치가 떨어질 것 같으면 금리만 올리면 된다. 그러면 달러가 미국으로 회귀하면서 신흥국은 위

반복되는 상승과 하락 사이에서 **지속적으로 기회 잡는 법**

기에 빠진다.

이때 신흥국들은 죽어라 수출해서 달러를 벌어들이려고 하기 때문에 미국 채권의 가격이 올라간다. 미국이 금리를 올리는 상황은 2008년 금융위기처럼 위기가 발생했을 때나 인플레이션처럼 기축통화가 위협받을 때다. 2022년과 2023년처럼 인플레이션 상황과 미국이 긴축을 하는 상황에서는 신흥국 주식시장이 위험할 수밖에 없다.

미국이 달러패권을 유지하는 상황에서 미국이 할 일은 소비 살리기다. 기축통화국이라 그런지 미국인들은 소비 하나는 끝내준다. 돈이 떨어질 때까지 쓰고 저축을 하지 않는다. 그래서 미국은 주로 주급제. 월급을 주면 월급을 받고 일하러 나오지를 않는다. 주급을 줘야 주급 받고 돈 떨어질 때쯤 또 일을 해야 하니 사장 입장에서 사람 부리기가 쉬워진다.

부잣집 출신은 돈을 잘 쓰지만, 가난하게 자란 사람은 돈을 벌어도 잘 쓰지 못한다. 한국은 가난하게 자란 사람이다. 미국이 전통적인 부잣집이라면 한국은 자수성가한 집이다. 자수성가한 부자는 거지 팔자라고 한다. 부자가 되어서도 자린고비처럼 사니까 말이다.

앞서 언급한대로 소비보다 수출이 더 어렵다. 따라서 수출로 먹고사는 한국은 끊임없이 경쟁력을 높여야 한다. 반면 기축통화국인 미국은 보다 쉽게 GDP를 증가시킬 수 있다.

미국은 재정적자는 용인해도 무역적자는 가만두지 않는다. 무역적자를 토대로 상대국을 압박하기 때문이다. 따라서 상대국은 외환보유고(달러)를 늘릴 수밖에 없다. 달러 수요가 넘친다는 의미다. 이렇게 달러가 빠져나가므로 그렇게 많은 달러를 찍어도 미국 내에 인플레이션이 일어나지 않는다.

그리고 미국은 천문학적인 재정적자를 돈을 더 찍어서 발생하는 인플레이션으로 상쇄시킨다. 예를 들어 1억짜리 아파트를 대출 7천만 원 끼고 샀다고 가정했을 때, 들어간 내돈은 3천만 원이다. 인플레이션 현상으로 집값이 올라 2억이 되었다면 대출 비율은 70%에서 35%로 줄어든다. 돈을 더 찍어서 빚을 줄이는 전략, 딱 이것이 미국의 전략이다. 그리고 만기가 도래한 미국채는 새로운 국채로 갚으면 된다. 따라서 미국은 기축통화 지위를 잃지 않는 한, 부도 위험도 GDP가 성장하지 않을 위험도 사라진다.

그러나 신흥국 사정은 이와 다르다. 미국채를 가지고 있는 나라들은 달러 가치가 지속적으로 떨어지기 때문에 손해를 본다. 게다가 제조업으로 미국에 수출하는 나라들은 살아남기 위해 끊임없는 혁신을 해야 한다.

그러나 혁신은 말처럼 쉽지 않다. 물건 가격을 떨어뜨리려면 고환율, 저금리 정책을 쓸 수밖에 없다. 이는 수출에 유리한 정책으로, 고환율은 올라간 인건비를 싸게 보이게 하는 효과가 있다. 그러나 그

반복되는 상승과 하락 사이에서 **지속적으로 기회 잡는 법**

마저도 여의치 않아 고환율까지 한계에 직면하면 공장을 해외로 옮긴다. 그러니 결국 수출에 의존하는 나라들은 지속적으로 일자리가 줄어든다.

반면에 미국은 달러 강세에 힘입어 수입이 유리하다. 그래서 미국은 내수주에 강하고 한국은 제조업이 강하다. 미국 내수주에 매여있는 한국의 제조업 주식은 출렁일 수밖에 없다. 내수주는 주가가 꾸준히 우상향하며 안정적으로 성장한다. 그에 비해 제조업 중심의 경기민감주는 심한 등락을 보이며 성장한다.

애플이 1% 빠지면 한국의 애플 협력업체인 LG이노텍은 3%~4%가 빠진다. 게다가 애플의 협력업체에서 빠지는 순간 나락으로 떨어진다.

:star: 결론

어느 나라 사람이나 심장의 크기는 똑같다. 매일 꾸준히 오르는 주식은 심장을 편안하게 하지만 위아래로 덜컹거리는 주식은 심장에 무리를 준다. 건강을 위해서라도 미국주식에 투자하자.

26장

과거의 세계 1등과 가장 최근의 세계 1등 애플이 다른 점

애플과 이전 1등 기업의 결정적인 차이

애플은 2011년 3분기, 최초로 세계 1등에 오른 후 몇 번 순위가 바뀐 적은 있지만 꾸준히 1등을 유지했다(물론 2024년 1등 자리를 마이크로소프트에 내줬지만 말이다). 애플은 2012년 1월부터 2021년까지 10년 동안 무려 11배 이상 올랐다. 25% 복리로 10년을 투자하면 10배가 된다. 애플은 세계 1등이 된 후 25% 복리로 올랐다.

애플 이전, 2000년대에는 IT기업인 마이크로소프트와 GE가, 2000년대 중반에는 석유기업인 엑슨모빌이 세계 1등이었다. 중간에 페트로차이나 등이 잠깐 세계 1등을 차지한 적이 있었다.

애플과 이전 세계 1등 기업의 가장 큰 차이점은 바로 인터넷으로 연결이 되었느냐이다. 애플은 스마트폰을 만들면서 iOS라는 생태계를 구축했고 그로 인해 애플의 플랫폼 생태계를 갖췄다. 반면 마이크로소프트, GE, 엑슨모빌은 인터넷과 관계가 없고 플랫폼 생태계도 갖추지 못했다.

인터넷 연결로 인한 매출은 내수기업이냐, 아니냐로 갈린다. 마이크로소프트도 당시에는 윈도우OS, MS오피스 등을 CD 형태로 팔았다. 즉 매출이 일회성이었다. GE도 제조업 기업으로 항공기 엔진을 비롯한 세계 1등 제품을 팔았지만 모두 일회성 매출이었다. 엑슨모빌 또한 석유를 캐내 팔면서 일회성 매출만이 잡혔다. 이런 기업을 '씨크리컬 기업'이라고 한다. 경기를 타는 종목으로 주가가 사인곡선을 그리면서 오르내린다.

씨크리컬 기업의 단점은 주가가 떨어지기 시작하면 몇 년간 고점을 회복하지 못하고 바닥을 긴다는 데 있다. 마치 삼성전자의 주가 사이클이 2년마다 한 번 오는 것처럼 흐름이 꺾이면 하염없이 기다려야 한다. 삼성전자는 2017년 11월 5만 5천 원대를 찍고 3만 8천 원대까지 30% 떨어진다음 다시 전고점을 회복하는 데 무려 2년(2019년 11월까지)이 걸렸다. 지금 당장 실적이 좋아도 다음 해에 D램 가격이나 매출이 떨어질 것으로 예상되면 주가가 빠지기 때문이다.

워런 버핏은 내수기업을 좋아한다. 내수기업은 매출이 꾸준하다. 코카콜라, 아메리칸익스프레스, 뱅크오브아메리카처럼 경기를 타지 않는 주식이다. 우리는 매일 먹어야 하고 카드도 항상 긁어야 하며 돈도 어느 때나 빌려야 한다. 버핏은 일상생활에서 우리가 매일 해야 하는 일, 그 일을 처리해주는 기업을 좋아한다. 이런 기업은 주가 그래프가 꾸준히 우상향한다.

그런 버핏이 애플을 샀다. 그것도 대량으로 사서 자신의 포트폴리오 전체 비중 1위가 될 때까지 쓸어모았다. 버핏이 애플을 사랑하게 된 배경은, 애플이 IT기업이기 이전에 생활소비재 기업으로 바뀌었기 때문이다.

인터넷이 연결되면서 세계의 모든 기업은 애플에 들어오게 되었다. 스마트폰은 이미 정체상태다. 그러나 애플은 스마트폰, 맥북, 맥 등을 비롯한 하드웨어 생태계에 iOS가 깔리면서 플랫폼 비즈니스가 내수기업과 똑같이 되었다. 그래서 애플은 실적발표 때 스마트폰 판매량을 발표하지 않는다. 내수기업이라는 뜻이다.

애플은 앱스토어에서 발생되는 기업들 매출의 30%를 거두어 간다. 따라서 매년 매출과 이익이 증가하고 있다. 이전 세계 1등 기업이었던 마이크로소프트, GE, 엑슨모빌이 하지 못했던 씨크리컬 기업의 한계를 뛰어넘는 수치들이다.

빅테크의 의미

오늘날의 IT는 2000년대 IT버블 때의 IT가 아니다. 지금은 모두 내수기업들이다. 마이크로소프트는 MS365와 클라우드를 하면서 내수기업으로 바뀌었고, 아마존도 클라우드 세계 1등을 바탕으로 내수기업으로 바뀌었다. 페이스북도 SNS를 바탕으로 내수기업으로 바뀌었다.

애플이 이전 세계 1등 기업들보다 왕좌를 오랫동안 유지할 수 있었던 비결은 바로 내수기업이면서 강력한 브랜드를 갖춘 혁신적인 기업이기 때문이다. 애플은 스마트폰에 머물지 않고, 이후 새로운 하드웨어로의 확장을 노리며 제국의 영역을 더욱 공고히 넓히고 있다.

모건스탠리의 한 연구원이 애플의 목표주가를 200달러로 산정했다. 그 배경으로 AR · VR 헤드셋 등 신제품 기대감이 아직 주가에 반영되지 않은 점을 들었다. 그는 "AR · VR 관련 업체들과 대화를 나눠본 결과 AR · VR 시장이 본격적으로 확대되는 시점은 애플이 시장에 진입했을 때라는 데 모두가 동의했다"며 "애플이 AR · VR 관련 제품을 내놓을 것으로 보이는 만큼 주가가 상승할 수 있다"고 전망했다.

이 말을 요약하면, 애플의 목표주가를 올린 이유는 바로 하드웨어

확장 때문이다. 하드웨어가 확장되면 애플의 플랫폼 생태계는 더 넓어질 것이고, 그로 인해 더 안정적인 매출을 올릴 수 있다. 하드웨어와 매출의 성장이 발표될 때마다 어닝 서프라이즈를 하면서 주가가 퀀텀점프 할 수 있다.

시장은 개별기업보다 혁신적이다. 그래서 지금까지 시장은 건재하지만 한때 세계 1등 개별기업은 소리소문없이 사라진다. 세계 1등 기업은 고스톱 쳐서 딴 것이 아니다. 가장 혁신적인 기업이기에 세계 1등이 된 것이다. 물론 혁신이 멈추면 세계 1등이라도 가차없이 내쳐질 것이다.

⭐ 결론

그래서 우리는 애플이 아닌 세계 1등 기업에 투자해야 한다. 애플이 이전 세계 1등 기업들과 다른 점은 분명하지만, 그렇다 하더라도 애플을 뛰어넘는 기업이 나온다면, 애플도 과거의 영광일 수밖에 없다. 영원할 것 같던 애플도 결국 마이크로소프트에 추월당하지 않았는가.

27장 끝없이 오르는 주식을 장기로 보유하려면

주식으로 돈을 벌기 위해서는 오랫동안 오르는 주식에 투자해야 한다. 대부분의 투자자들은 부자가 아니기 때문에 시드머니가 적다. 그래서 더더욱 적은 돈을 장기로 투자해 크게 불려야 한다. 부자가 되기 위한 필수적인 2가지 과정을 더 자세히 살펴보자.

① 오르는 주식을 살 것.
② 장기로 투자할 것.

오르는 주식을 산다

오르는 주식을 살 때 가장 중요한 고려 사항은 우상향에 대한 믿음이다. 믿음이 없다면 조금만 흔들리거나 손실 구간에 접어들어도 손절부터 떠올린다. 얼마의 기간 동안 얼마나 떨어질지 모르기 때문에 공포에 사로잡히고 손절을 단행할 수밖에 없다. 손절은 곧 손실 확정이다.

이익을 얻으려면 손실이 없어야 한다. 손실이 없으려면 손절을 하지 말아야 하고 손절을 하지 않으려면 반드시 우상향한다는 믿음이 있어야 한다.

믿음이 있다면 손해가 나지 않는다. 반드시 올라간다는 믿음이 있다면 떨어질 때 물타기를 통해 주식 수를 늘릴 수 있다. 물타기를 하지 말라는 경고는 그 주식이 반드시 올라간다는 믿음이 없기 때문이다. 믿음이 있는데 뭐가 무서워서 물타기를 주저하겠는가.

믿음이 있다면 올라갈 때 이익실현을 하지 않는다. 곧 장기투자가 가능하다는 얘기다. 그 믿음의 근거란 무엇일까?

직관에 의한 믿음

전기차가 세상을 지배할 것이고 테슬라가 전기 자율주행차 시대의 왕이 될 것이라고 생각한다면 주관적인 믿음이다. 메타버스의 세상이 올 것이고 로블록스, 유니티, 메타가 지배자가 되었다는 생각도 주관적인 믿음이다. 주관적인 이유는 앞으로 정말 그런 세상이 올지, 안 올지 아무도 모르기 때문이다. 이는 그때 가서 확인해 봐야 아는 문제다.

객관적 사실에 의한 믿음

객관적 사실에 의한 믿음은, 주식시장은 언제나 우상향해왔다는 객관적 사실에 근거를 둔다. 그러나 이 또한 과거에 대한 추론뿐이다. 앞으로도 이렇게 된다는 확실한 증거는 어디에도 없다. 그러나 지금까지 주식시장은 성장해 왔다. 이유는 돈이 지속적으로 풀리고, 그로 인해 돈의 가치가 떨어져 물가가 오르는 인플레이션이 발생하기 때문이다. 인플레이션에 대한 헤지 수단, 혹은 대안으로 떠올릴 수 있는 대표적인 자산은 부동산과 주식이다.

게다가 세계가 발전한다면 지수는 우상향해야 정상이다. 세계 1등도 지수와 같다. 따라서 세계의 발전과 함께 우상향 해야 정상이다. 이것이 객관적 사실에 의한 믿음이다.

장기로 투자한다

주식으로 부자가 되려면 장기투자만이 답이다. 그러나 장기투자자

모두가 부자가 되지는 않는다. 한국 주식의 대부분은 우하향했기 때문이다. 그러니 무조건 믿고 장기투자하면 오히려 깡통을 찬다.

대부분의 주식이 우하향할 수밖에 없는 이유는 시장이 개별기업보다 혁신적이기 때문이다. 시장을 이루는 개개인은 금방 싫증에 빠진다. 처음 봤을 때는 굉장히 놀라워도 금방 싫증을 내기 때문에 다음에는 더 혁신적인 제품이 아니라면 시장에서 외면 받는다.

산업자본주의는 소비자로 하여금 새로운 상품을 끊임없이 구매하도록 만들어 잉여가치를 만들어낸다. 이것이 기본 구조다. 따라서 모든 상품은 새로움에 대한 강박이 저주처럼 반복될 수밖에 없다. 아이폰이 처음 나왔을 때는 아마도 이과수 폭포를 처음 봤을 때의 경이로운 느낌이었을 것이다.

그러나 후속 시리즈는 금새 익숙해진다. 따라서 지속적으로 아이폰이 나와도 처음 나왔을 때의 혁신을 느낄 수 없다. 웬만해서는 싫증쟁이인 소비자들을 설득할 수 없다.

하지만 산업자본주의가 돌아가려면 끊임없이 새로운 상품을 만들어내야 한다. 새로운 상품이란 모던이다. 그러나 모던은 더 새로운 상품인 포스트모던이 그 자리를 대체해야만 한다. 그렇지 않으면 산업자본주의는 굴러갈 수 없다.

신상품의 구매가 없다면 잉여가치를 만들어 낼 수 없고, 리오타르는 "어떤 작품도 포스트 모던 해야만 모던할 수 있다"고 얘기했다.

즉 새로운 상품이 기존 상품을 넘어서야만 새로운 상품으로 유지될 수 있는 것이다. 결국 산업자본주의의 기본 구조는 새로운 상품이 기존 상품을 뛰어넘는 새로움을 보여주는 강박증의 사회다.

대부분의 기업이 우하향하는 이유를 이제 알겠는가? 새로운 것을 만들어 낼 혁신이 없으며, 소비자가 외면하면서 잉여가치도 만들어 내지 못하니 대부분 망하거나 주가가 우하향하는 것이다.

● ● ●

정리해보자. 부자가 되려면 믿음을 가지고 우상향하는 주식을 사서 장기로 투자해야 한다. 그런 면에서 나는 주관적인 믿음으로의 투자는 소액 단타만 옳다고 본다. 인간의 직관을 믿지 않기 때문이다. 대신 시장의 객관적인 사실에 의한 믿음으로 투자를 한다.

직관에 의한 믿음은 한두 번은 맞출 수 있으나 연속성이 떨어진다. 연속성이 없다면 장기투자가 불가능하다. 당신이나 나와 같은 개미투자자는 워런 버핏도 피터 린치도 앙드레 코스톨라니도 아니기 때문이다.

직관으로 부자가 되려면 대박 주식을 평생 동안 찾아야 하고, 그 직관이 맞아떨어져야 한다. 이런 수고를 덜려면 시장이 찍어주는 주식을 사는 것이 편하다. 직관적인 믿음은 아무리 분석을 열심히 해도 주관적인 분석에 머문다. 개인의 생각일 뿐 시장의 생각이 아니기 때문이다.

게다가 그 당시 시장의 생각을 정확히 읽었다 하더라도 미래의 상황은 변한다. 코로나19와 같은 천재지변이 닥치기도 하고 CEO가 판단미스를 하기도 한다. 그런데 돌발상황에서의 판단은 주관적인 판단의 연속일 수밖에 없다.

그래서 주관적인 믿음이 흔들리지 않으려면 반드시 객관적인 사실보다 더 강력하게 믿어야 한다. 그렇지 않고 떨어질 때 흔들린다면 떨어진 주식을 손절하면서 손해를 볼 수밖에 없다. 다만 주관적 믿음을 믿을 것인지 객관적인 사실을 믿을 것인지는 온전히 본인의 판단이다.

직관적인 믿음은 홀짝게임이다. 투자가 도박에 가깝고 부자가 되기도 힘들다. 새로운 것을 찍어서 항상 맞춰야 하는데 보통의 인간으로서 가능한 이야기인가?

원숭이와 애널리스트의 주식 게임은 한 번쯤 들어봤을 것이다. 원숭이의 승리로 끝난 이 게임에서, 오르는 주식을 선택하는 행위, 그리고 오를 만한 주식을 공부하는 행위가 얼마나 부질없는지 보여준다. 공부 순위가 부자 순위라면 하버드, 서울대, 박사, 천재는 모두 부자가 되어 있어야 한다. 그런데 어디 그런가?

이런 모순된 결과에 대해 대안으로 나온 개념이 분산투자다. 그러나 분산투자를 하면 정말 자산이 증가하나? 어떤 것은 오르고 어떤 것은 떨어진다. 분산투자로 부자가 되려면 반드시 모든 주식이 다 올라야 한다. 아니면 압도적으로 비중이 높은 종목들 위주로 크게 올라야 한다. 그렇지 않고 어떤 것은 오르고 어떤 것은 떨어져 플러스와 마이너스가 혼재되면서 제로에 수렴하면, 목표를 향해 뛰어야 하는 육상선수가 제자리에서 열심히 땀을 흘리며 뛰는 것과 같아진다.

그러나 가끔 직관으로 부자가 되는 경우도 있다. 평생 한 종목에 올인하는 경우다. 예를 들어 애플만 사서 팔지 않고 평생을 모아갔는데 애플이 스마트폰을 만들면서 대박을 친 경우다.

우리는 이를 두고 운이라고 한다. 실력이라고 하기에는 석연찮은 부분이 너무 많다. 잘 맞췄을 경우는 대박이지만 아니었을 경우 이번 생의 재테크는 꽝이다.

결국 지수투자나 세계 1등 투자가 최선이다. 무조건 올라야 한다는 전제에 부합하기 때문이다. 시장을 따라가면 무조건 이기는 게임이다.

직관은 철저히 예측해서 하는 투자 행위이다. 천재적인 직관이 중요하다. 반면 객관적 사실의 투자는 대응하는 투자 행위이다. 이때는 매뉴얼이 중요하다.

⭐ 결론

객관적 사실에 의한 부자가 되려면 세계 1등주에 투자하고 매뉴얼에 따라 철저히 대응해야 한다. 자신이 천재적인 투자자인 건 분명하지만, 아직까지는 때를 만나지 못해 결과가 없을 뿐이라고 생각하는가? 확률은 낮지만 물론 그럴 수도 있다. 하지만 착각일 확률이 훨씬 높다. 자신이 천재적인 투자자임을 확인하고 싶은가, 아니면 끝내 확인은 못하더라도 무조건 이기는 게임을 하고 싶은가?

반복되는 상승과 하락 사이에서 **지속적으로 기회 잡는 법**

28장

자본주의에서 광고가 왜 중요한가?

서양이건 동양이건 예부터 욕망은 부정적인 것, 금기시되는 것이었다. 빈약한 생산력 때문이다. 생산이 적으니 소수의 지배층만 향유할 수 있었다. 다수가 욕망을 즐기면 폭동과 반란 그리고 태업이 있을 것이기에 지배층은 욕망을 억제하는 지배 원리를 내세웠다.

원시 공동사회에서도 마찬가지였다. 역사책을 보면 원시인들은 강가에 살며 조, 수수 등 농사를 병행했다. 원시인들이 먹은 조, 수수의 칼로리는 현대인의 밥 한 공기 정도였다. 강가에 살며 물고기를 잡아먹어야 필요한 칼로리를 겨우 보충할 수 있었다.

빈약한 생산력은 신석기 혁명으로 농업이 시작되어도 변하지 않았다. 서양보다 동양의 인구가 더 많았던 이유는 벼농사를 지었기 때문이다. 서양의 밀농사는 단위면적당 인구부양 숫자가 벼농사에 미치지 못한다.

벼농사를 지으면 인구가 늘어난다. 몇 백만의 도시가 중국에 있었던 이유이기도 하다. 인구가 한번 늘어나면 그 인구를 부양하기 위해 벼농사만 지어야 한다. 다른 농사나 목축으로는 태부족이다.

수직적인 계급사회의 출현

농사를 지으면 수직, 계급사회가 형성된다. 농사를 지으면 가을 추수까지 꼼짝없이 땅을 지켜야 했기 때문이다. 그래서 동양은 농경으로 인한 수직사회가 발달할 수밖에 없었다. 유교를 보면 장유유서니 군사부일체니 하는 전통이 모두 이러한 수직문화의 산물이다. 한국도 누군가를 만나면 민증부터 까고 형, 동생 서열부터 정한다.

그러나 서양은 목축이 발달해 수평사회가 발달했다. 누군가가 군림하려고 하면 양을 데리고 다른 곳으로 가버리기 때문이다. 유대인 기업에 가면 사장실이 따로 없다. 사장은 그저 리더일 뿐, 그가 계급적으로 높다고 생각하지 않기 때문이다. 동양은 존댓말이 기본인데 서양은 반말이 기본 아닌가.

그러다 산업혁명 이후 반전이 일어났다. 기계를 쓰기 시작하자 폭발적인 생산력으로 바뀌었고 서양이 동양을 앞서기 시작했다.

산업혁명이 서양에서 시작된 이유를 살펴보자. 가뜩이나 적었던

반복되는 상승과 하락 사이에서 **지속적으로 기회 잡는 법**

서양의 인구는 페스트로 인해 더 줄어든다. 그러면서 서양의 농노는 신분 상승을 맞이한다. 땅은 남아도는데 농사를 지을 사람이 없었기 때문이다. 그러자 서양은 비싸진 인건비 문제를 해결하기 위해 증기 기관을 시작으로 기계가 인간의 노동력을 대체하기 시작했다. 반면 노동력이 남아도는 동양에서는 굳이 기계를 쓸 일이 없었다.

맥도날드에 가면 햄버거 기계가 햄버거를 만들지 않는다. 인건비가 기계보다 싸기 때문이다. 기계는 햄버거만 만들지만 인간은 주문도 받고 청소도 하고 물건도 받는다. 인구가 많으면 인건비가 싸지고 인건비가 싸면 혁명도 필요 없다.

AI가 없애는 직업은 청소부가 아닌 월가의 애널리스트다. 그리고 전문직이다. 이유는 인건비가 비싸기 때문이다.

인간의 욕망, 억제에서 장려로

18세기 산업혁명 이후 폭발적인 생산력으로 인해 욕망을 억제하던 저주가 풀렸다. 이제 욕망은 억제해야 할 것에서 인간의 소중한 가치로 격상되었다. 자본주의도 인간의 강력한 욕망을 원하고 있다.

자본주의가 욕망 억제에서 욕망 추구로 철학적 가치를 변화시킨 이유는 대공황 때문이다. 초창기 자본주의에서 대량생산, 대량소비는 자연스러운 현상이었다. 워낙 물자가 없었지만 기계로 인한 생산이 이뤄지자 막혔던 수요를 채워줄 수 있었다. 게다가 의학의 발달은 폭발적인 인구 증가를 불러오며 더 많은 대량생산을 이끌어냈다.

그러다 1929년 대공황을 맞았다. 대량생산을 감당할 수요가 한계에 부딪힌 것이다. 이때를 기점으로 무조건적인 대량생산은 오히려 자본주의를 무너뜨릴 수도 있다고 생각했다. 수요가 줄어들자 공장의 물건이 안 팔리고 물건이 안 팔리자 공장을 셧다운하게 되었고 공장이 해고를 하자 또 다시 수요가 줄어드는 악순환이, 대공황으로 인한 침체를 더 수렁으로 몰아넣었다.

결국 2차 세계대전이 일어나면서 대공황의 침체는 호황으로 바뀌었다. 그러나 자본주의는 대공황 이후 생산보다는 소비가 더 중요하다는 인식을 갖게 되었다.

소비를 자극하려면 인간의 욕망을 자극해야 한다. 이성보다는 감성을, 정신보다는 몸을, 공동체보다는 개인을, 동일성보다는 차이를 추구하면 욕망하게 된다. 인간의 욕망 추구는 개인의 자유와 해방이라는 거대 담론으로 발전하였다.

고대 중국의 계급사회 통치 도구가 유교였다면 현대 자본주의 통치 도구는 포스트모던과 해체주의다. 이들은 기존의 속박을 벗어나 감성, 개인, 차이를 추구하자고 목소리를 높인다.

광고, 인간의 욕망을 자극하는 강력한 도구

욕망을 자극하는 도구는 바로 광고다. 초창기 광고는 이성을 자극하는 텍스트 위주였다. "이 화장품은 어떤 성분이 들어가서 좋다. 그러니 써라." 6, 70년대 광고를 보면 '너무 좋으니 사라'는 광고가 주류였다.

그러나 이성보다는 감성을 자극해야 물건이 더 잘 팔린다는 사실을 알게 되었다. 백 마디 말보다 아무 말 없이 한류스타가 히트친 드라마에서 차고나온 목걸이가 더 잘 팔린다. 유행이라는 이름으로 브릿지, 등골브레이커 롱패딩이 판친다.

동일성보다는 차이를 중시한다면서 그럴수록 유행은 오히려 더 동일해지고 있다. 아이러니다. 숏패딩이 유행이라니까 비싸게 주고 산 멀쩡한 롱패딩을 버리고 이제부터 숏패딩을 입어야 한다. 비싸다고 안 사주면 추운 겨울에 짧은 봄잠바를 입고 다닌다. 마치 영화 매트릭스에서처럼 인간의 욕망 에너지를 갈아 넣어 거대한 자본주의를 돌리고 있는 중이다.

자본주의의 문제점을 비판하자는 것이 아니다. 핵심은 '누가 인간의 욕망을 가장 잘 자극하는가'이다. 다시 말해 '욕망을 자극해 물건을 잘 팔아먹는 기업은 누구인가'이다.

검색광고 엔진의 구글, SNS를 통한 욕망데이터를 가지고 있는 메타플랫폼, 가지고 싶은 브랜드와 플랫폼기업 애플, 쇼핑데이터와 욕망데이터를 저장하는 클라우드 기업 아마존 등과 같은 빅테크기업이다. 이들이 최고의 두뇌를 뽑아 시키는 일은 바로 '어떻게 하면 광고를 더 잘할 것인가?'이다. 세계에서 가장 똑똑한 인재가 모여 하는 일은 결국 인간의 욕망을 자극하는 일이다.

⭐ 결론

사고 싶은 물건이 있는가? 그 기업이 바로 내가 사야 할 주식이다. 당신이 사고 싶은 마음이 들도록 광고를 잘하는 기업, 그 기업의 미래가 가장 밝다.

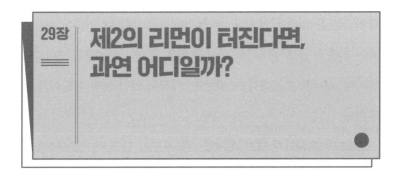

29장

제2의 리먼이 터진다면, 과연 어디일까?

크레디트스위스, 제2의 리먼브러더스 될 뻔?

2023년 3월 미국의 실리콘밸리뱅크(SVB)가 36시간만에 초고속으로 파산했고, 뒤이어 스위스의 제2대 은행인 크레디트스위스(CS)의 재무 건전성 우려가 제기되면서 주식과 채권 시장이 크게 흔들렸다. 과거 리먼 브러더스 파산 악몽이 되살아나는 듯했다. 실리콘밸리뱅크는 그 규모도 그렇고 미국 정부의 빠른 해결책 제시로 일단락이 되었다. 그러나 크레디트스위스는 규모와 영향력에서 파급력이 다를 수 있었다. 크레디트스위스 역시 스위스 1대 은행인 UBS의 인수로 금융위기로 번지는 사태를 막았지만, 과연 제2의 리먼사태를 불러올 수도 있었다.

그러나 크레디트스위스로 인한 위험이 있었다고 하더라도 미 연준의 피봇은 없었을 것이다. 크레디트스위스 때문에 연준이 지금까지의 긴축을 풀고 양적완화 등의 조치를 취하지는 않았을 것이라는 의미다. 왜냐하면 크레디트스위스는 미국이 아닌 유럽 기업이기 때문이다.

2008년 금융위기 당시 베어링스가 부도가 났을 때, 심지어 리먼이 부도가 났을 때도 연준이 개입은 했을지언정 피봇을 하지는 않았다. 당시 관련 회의도 있었다. 하지만 미국에 영향을 주지 않는다 판단하여 연준의 긴축은 그대로 지속되었다. 즉 당시에도 기준금리를 크게 떨어뜨리며 양적완화, 제로금리를 실행하지 않았다. 왜냐하면 베어링스가 기본적으로 유럽 기업이었기 때문이다.

심지어 리먼의 파산에도 연준의 개입은 없었다. 미국에 미치는 영향이 적다고 판단되어서다. 실제 리먼 브러더스는 유럽에서의 포지션이 더 컸다. 그러나 일주일 후 AIG가 파산 위험에 들어서자 연준은 의회를 설득했고 대규모 구제금융을 시작했으며 이후 양적완화와 제로금리를 시작했다.

이로 보건데 크레디트스위스 등 미국 외 기업 때문에 연준이 피봇을 할 이유는 없다. AIG 정도의 파급력이 아니라면 말이다.

또 다른 영국 연기금 문제는 채권에서 발생할까?

2022년 영국이 IMF로 갈 수도 있다는 소문이 돌았다. 바로 LDI(Liability Driven Investment, 현금 및 국채 등 안전자산 투자에 주식 등 수익추구형 포트폴리오를 결합한 자산배분 전략) 때문이다.

LDI는 영국의 연기금이 연금 고갈에 대비해 투자한 파생상품이다. 연금은 전체 인구가 노령화 되면서 연금을 수령하는 인구가 늘고 연금을 붓는 사람이 적어지면서 고갈이 생길 수밖에 없다. 이는 연기금이 무리한 투자를 감행하게 하는 원인으로 지목되기도 한다.

연기금은 주로 채권과 주식에 분산투자한다. 주식이 떨어지면 채권이 오르고 채권이 떨어지면 주식이 오르면서 상호 보완 관계를 형성한다. 보통은 주식 60%, 채권 40%다.

공황과 같은 일이 벌어졌을 때는 주식이 급격하게 떨어진다. 이때 채권을 팔아 주식을 사면서 비율을 맞춘다. 그러다 다시 공황이 진정되며 주식이 오르는 시기가 오면 주식을 팔아 채권의 비율을 맞춘다. 이를 연기금의 리밸런싱이라 한다.

그런데 이번에는 희한한 일이 벌어졌다. 채권과 주식이 동시에 떨어진 것이다. 그 이유는 연준이 1980년대와 같이 금리를 너무 급격하게 올렸기 때문이다. 금리에 민감한 주식은 당연히 속락했고, 게다가 채권도 같이 떨어졌다.

연준이 기준금리를 급격히 올리자 새롭게 발행하는 채권의 수익률이 훨씬 높아졌다. 반대로 채권의 가격은 떨어졌다. 그러자 LDI에 투자했던 영국 연기금은 마진콜을 맞았고 투자했던 상품이 휴지가 될 지경에 이르렀다.

채권은 수익률이 높지 않다. 따라서 레버리지 투자가 기본이다. 더구나 채권은 디플레이션 우려 때문에 최근 1%대에서 움직이면서 낮은 수익률밖에 기대할 수 없었다. 보유량이 많은 채권은 수익률이 떨어지고, 이를 가지고 연금을 지급했다가는 고갈 위험을 피할 수 없었다. 이에 따라 영국 연기금은 고위험 투자를 감행했다. 그동안 주식시장은 연준의 양적완화로 엄청난 돈이 풀리면서 급등세를 이어왔다. 그러니 놀고 있는 채권을 담보로 잡아 오르는 주식에 투자를 하자는 아이디어를 생각해낸 것이다.

그런데 문제는 무리한 레버리지였다. 일부는 7배 레버리지까지 썼을 정도다. 이렇게 무리한 레버리지를 쓴 이유는 더 많은 담보를 잡아 더 많은 주식을 사야 주가가 오를 때 수익률을 최대로 올릴 수 있기 때문이다.

그런 상황에서 2022년 초부터 연준이 인플레이션을 잡고자 급격히 금리를 올리면서 채권과 주식이 동시에 폭락했다. 그리고 신임 영국 리즈 트러스 총리가 포퓰리즘 정책을 발표하자 영국 10년물 채권 수익률이 무려 4%가 넘게 치솟았다. 채권 수익률이 올랐다는 의미는 그만큼 채권 가격이 떨어졌다는 얘기다. 따라서 영국채권을 담보로 한 LDI 투자가 휴지가 될 상황이었다.

이에 영란은행은 급히 채권 매입을 하면서 채권가격을 끌어 올렸고 연기금의 파산을 넘길 수 있었다.

그렇다면 제2의 리먼사태는 크레디트스위스와 같은 금융권이 아닌 연기금 때문에 일어날 수 있다. 이것이 데스 스파이럴(죽음의 소용돌이)을 불러오기 때문이다.

연기금이 투자한 채권이 청산되면 채권가격 하락에 기름을 부으면서 담보가 부족하다며 반대매매를 압박하는 마진콜이 올 수 있다. 그렇다면 또 다시 채권을 팔아야 하고 채권가격은 더 급격히 떨어진다. 반대로 채권의 수익률은 크게 올라간다.

채권 때문에 나스닥 주식들이 크게 떨어질 수 있다. 채권과 주식시장 동시 붕괴가 현실화 될 수 있는 것이다. 그 규모를 모르는 주식시장 참가자들에게서 일단 팔고보자는 패닉 셀링이 일어날 수 있고, 이때는 연준이 시장에 개입할 수밖에 없다.

미 연준은 결국 미국 편이다

2008년 행보에서 알 수 있듯이 미 연준은 철저히 미국 편에 서 있다.

따라서 위기가 영국을 비롯한 EU에 국한된다면 오히려 유럽을 철저히 짓누르는 기회로 삼을 수도 있다. 왜냐하면 EU는 달러패권에 도전하는 한 축이기 때문이다. 미국에게는 위기가 기회인 셈이다.

연준은 항상 정치적이다. 달러에 도전했던 엔화는 최근 확실히 힘이 빠졌음을 보여줬다. EU가 무너지고 쪼개지면 유로화는 기축통화로써의 힘을 잃을 것이다. 러시아, 우크라이나 전쟁에 이어 인플레이션 그리고 채권가격 폭락까지 이어진다면 확실히 유로화의 위상도 떨어질 것이다.

이는 미국이 바라던 바다. 이번 인플레이션을 기회로 오로지 달러만 독야청청 기축통화가 되는 세상을 바란다. 어느 누구도 위기에 떨어지는 통화를 외환보유고로 쌓을 나라는 없다. 따라서 신흥국들이 엔화와 유로화를 외환보유고로 쌓지 않는다면 인플레이션 위기가 지난 후, 달러만이 쌓여 있을 것이다. 이로써 달러의 위상이 인플레이션 전보다 훨씬 높아져 제2의 팍스 아메리카나가 올 수도 있다. 그렇다면 미국은 더 많은 달러를 발행하여 빚으로 세계의 패권을 유지할 수 있다.

⭐ 결론

제2의 리먼사태가 온다면 이번에도 파생상품이다. 그 규모를 누구도 모르기 때문이다. 우리는 금융시장의 매크로 환경에 대한 정보를 얻기 힘들다. 믿을 것은 역시 매뉴얼뿐이다. 가격은 어느 누구도 속일 수 없기 때문에 가장 정확하다. 매뉴얼은 가격을 기반으로 투자한다. 단지 그 가격을 추종할 뿐이다.

인구 수는 줄어들지만 가구 수는 증가 추세다. 1인 가구가 늘어나고 있기 때문이다. 1인 가구가 늘어나는 이유는 당연하지만 결혼을 안 하는 사람이 많아지고 있기 때문이다.

무엇이 문제길래 결혼을 하지 않는가? 선진국이 될수록 비혼 비율이 늘어나고 아이 또한 낳지 않는다. 교육비, 오르는 집값 등 여러 가지 요인이 작용한다. 그러나 결혼을 했다면 2명의 자녀는 갖는다. 인구가 줄어드는 이유는 아예 결혼을 하지 않는 비율이 늘어서다.

조선시대에는 결혼을 안 할 수 없었다. 노비는 양반의 재산이었기 때문에 결혼을 장려했다. 노비의 자식이 늘면 양반의 재산도 늘어난다. 마치 소와 같다.

양반 또한 결혼을 했고 자녀 또한 많이 낳았다. 의학기술이 떨어져 많이 죽었기 때문이다. 10명의 자녀를 낳으면 7명이 죽고 3명이 살아남았다.

인구가 폭발적으로 늘어난 시기는 산업혁명 이후이다. 농경사회의 버릇이 남아 많이 낳았는데 의학기술의 발달로 죽지 않으니 자연스레 인구가 폭발했다.

우리나라도 한국전쟁이 끝나고 베이비붐 세대 이후 한 해에 거의 100만 명 가까이 태어났다. 의학기술의 발달 탓도 있었지만 아이가 재산이었기 때문이다. 농사를 지어도 노동력이 필요했고 산업 태동기라 공장에 취직도 잘 되었다. 아이가 많을수록 부모에게 이득이었다.

그러나 요즘은 독신과 1인 가구가 늘어나면서 아이도 많이 안 낳지만 결혼도 하지 않는다. 취직도 힘들고 결혼도 힘들어진 시대다. 게다가 결혼에 대한 사회적인 분위기(압력)도 크게 바뀌었다. 과거에는 결혼을 하지 않으면 큰일이라도 날 것 같았지만 지금은 아니다.

이런 농담이 있었다. 24살이면 대학까지 다녀도 졸업반이다. 24살 이전에 결혼한 여성은 금메달, 25살에 결혼하면 은메달, 26살 이후에 결혼하면 목매달이다. 지금 기준으로 보면 말도 안 되는 시각이다. 지금은 40대까지 결혼하지 않은 여성이 흔하다. 유행에 민감한 한국답게 결혼을 기피하는 사회적 분위기가 퍼지고 있다.

그러나 결혼을 하지 않으면 어찌 되었건 유전자를 남기지 못한다는 것이고 결국 내 유전자는 도태된다는 얘기다. 매트 리들리의《붉은 여왕》에는 다윈이 주장한 '암컷 선택'이라는 성선택설이 나온다.

자연에서는 힘센 수컷이 암컷을 선택할 것 같지만 그렇지 않다. 대표적인 것이 바로 공작새다. 수컷 공작새의 꼬리는 유난히 화려하다. 그러나 꼬리가 화려하면 천적에게 들켜 죽을 확률이 높다. 게다가 꼬리는 나는 데 전혀 도움이 되지 않는다. 공작새는 절벽에서 떨어져 공기부양의 힘이 있어야 날 수 있다고 한다.

그런데 왜 수컷 공작새의 꼬리는 화려할까? 수컷의 꼬리가 화려할수록 암컷이 선택할 확률이 크기 때문이다. 암컷은 화려한 수컷의 꼬리를 좋아한다. 왜냐하면 유행 때문이다. 암컷들이 죄다 화려한 수컷의 꼬리를 택한다.

그러나 유행을 따르지 않는 암컷이 있다면 어떻게 될까? 예를 들어 한 암컷이 꼬리가 화려하지 않은 수컷과 교배했다고 치자. 새끼들 중 암컷은 괜찮다. 문제는 새끼 수컷이다. 화려하지 않은 꼬리를 택했으니 결국 새끼 수컷은 별볼일 없는 꼬리를 달고 나왔을 것이다. 그 새끼 수컷은 장성해도 인기가 없어 교미하지 못한다. 결국 화려한 꼬리를 선호하는 유행 때문에 자식이 독신으로 살 가능성이 높아진다. 그러니 암컷 공작은 화려한 수컷의 꼬리를 좇게 된다.

미국에 간 동포도 마찬가지 고민을 한다. 딸은 결혼에 성공할 것 같은데 아들은 여자애들에게 영 인기가 없다.

성선택을 동물에만 한정한다면 결국은 외모만 남는다. 그러나 인간에게 결혼은 외모가 다는 아니다. 오히려 재산, 능력, 집안, 학벌 등으로 요소가 더 넓어진다. 여자 입장에서 결혼상대인 남자는 외모보다는 능력이 더 큰 비중을 차지한다. 결혼상대로서 남자는 훌륭한 보호자가 유리하기 때문이다. 훌륭한 보호자로서 물론 외모도 중요하지만 재산, 능력, 머리, 집안이 더 중요하다.

케냐에 카프시기족이 있다. 딸이 결혼적령기에 들어서면 딸은 아버지와 상의하여 가축이 많은 남자와 결혼을 한다. 가축이 많은 남자의 둘째 부인이 가축이 없는 남자의 첫째 부인보다 낫다는 생각이다. 가축이 많은 남자 즉 재산이 많은 남자는 훌륭한 보호자다. 일부다처제라 그런 선택을 할 수 있다.

그렇다면 현재의 일부일처제는 어떻게 나오게 되었나? 수렵채집의 시대에는 일부일처제였다. 이 시기는 원시공산사회였기 때문이다. 동물을 사냥해도 한 사람이 다 먹을 수 없고 금방 썩기 때문에 이웃과 나눠 먹었다. 따라서 잉여생산물이 남지 않았고, 한 남자가 한 여자 건사하기도 바빴다.

그러나 신석기 혁명을 거치며 일부다처제 사회로 바뀌었다. 밀이나 쌀은 장기보관이 가능했고 그로인해 잉여생산물은 재산이 되었다.

잉여생산물로 인해 무산자인 노예와 유산자인 주인의 계급으로 나뉘었다. 생산수단인 땅이 있으면 주인이 되었고 땅이 없으면 노예가 되었다.

목축도 마찬가지다. 가축은 30마리가 되었건 100마리가 되었건 돌보는 것은 비슷하다. 이같은 경제구조에서는 더 많이 갖고 있는 자가 더 많이 갖는 불평등이 지속되었던 것이다. 따라서 일부다처제의 사회가 된다. 위에서 말한 카프시기족은 목축 사회였다.

그렇다면 일부일처제 사회는 어떻게 생겨났는가? 프랑스 혁명으로 공화제 사회가 되었기 때문이다. 공화제란 시민이 대표를 뽑는 민주주의 사회다. 원래부터 프랑스의 모든 평민이 시민은 아니었다. 그러나 루이16세의 목을 치고 공화정을 선포했다. 그러자 프랑스 이외의 왕정국가는 자신들도 프랑스 같이 당할까봐 프랑스와 전쟁을 선포했다.

그런데 결과는 프랑스 승리였다. 이유는 전쟁에 참여한 평민에게 시민권을 주었기 때문이다. 시민권을 갖게 된 프랑스 국민군은 국가를 위해 죽기를 각오하고 싸웠다. 반면 프랑스와 대항한 나라의 왕가에 소속된 군대는 용병이었다. 아무리 용병이라도 죽기를 각오하고 싸우는 국민군을 이길 수 없었다. 결국 대부분의 유럽 국가의 군대는 용병에서 시민군으로 바뀌었고 전제군주제에서 입헌군주제로 바뀌었다.

일부일처제 시대의 시작

민주주의와 일부일처제는 어떤 관련이 있는가? 민주주의는 시민이 대표를 뽑는다. 대부분의 시민은 남자였고 남자는 일부다처제를 원하지 않는다. 일부다처제의 가장 큰 희생양은 남자였기 때문이다.

일부다처제에서는 권력이 크고 재산이 많은 사람일수록 더 많은 여성과 결혼할 수 있다. 대신 대부분의 남성은 독신으로 살아야 한다. 따라서 대부분의 투표권을 갖고 있는 남성은 일부일처제를 표방하는 대표를 뽑는다. 이렇게 하여 민주주의제 이후 일부일처제가 확립되었다.

한국도 공화국 초기에는 권력자들의 첩질이 흔했지만 민주주의가 확립되면서 사라진 문화가 되었다.

일부일처의 시대에 여성은 어떤 남성을 원할까? 당연히 외모도 뛰어나고 재산, 학벌, 직업, 집안 등이 좋은 남성이다. 충실한 남편보다는 훌륭한 보호자를 원하기 때문이다. 그러나 그런 남성을 잡으려면 결국 자신도 외모, 재산, 학벌, 직업, 집안이 뛰어나야 한다.

그래서 독신여성이 늘어나는 것이다. 예전보다 결혼에 대한 사회적인 압력도 크게 줄었다. 게다가 요즘은 독신이 유행이다.

여자는 결혼을 하지 않아도 잃을 게 없다. 오히려 선택이 잘못되면 낭패만 본다. 자식을 키우면서 돈도 벌어야 하기 때문이다. 결혼

이후 여자의 부담은 늘어난다. 사교육비는 천정부지로 치솟고 집값도 오르며 맞벌이는 기본이다. 남편은 능력이 없어 오르는 집값도 사교육비도 대줄 수 없고 게다가 가부장적이기까지 해 집안 일도 안 한다면 결국 이 모든 부담은 여자에게 몰린다.

그래서 독신여성이 이렇게 독백한다.

"너랑 결혼하느니 차라리 혼자 산다."

혼자 사는 여자가 늘어나면서 혼자 사는 남자도 많은 요즘 세상이다.

그렇다면 능력 있는 남자는 어떤 여자를 택할까? '연애의 시작은 여자가 하지만 결혼은 남자가 결정한다'는 말이 있다. 여자는 20대는 외모, 30대는 능력, 40대는 아무것도 안 본다지만 남자는 일관성이 있다. 20대도 외모, 30대도 외모, 40대도 외모고 심지어 70, 80을 먹어도 외모다.

그러나 남자가 여자의 외모만 볼까? 그렇지는 않다. 특히나 능력 있는 남자는 더 그렇지 않다. 예를 들어 전문직의 돈 잘 버는 능력 있는 남자라면 여자를 택하는 3가지의 옵션이 있다. 돈, 미모, 머리다.

재산, 미모, 머리를 다 가진 여자면 금상첨화지만 확률상 0.01%도 안 된다. 따라서 아무리 전문직이라도 이 셋 중 하나의 조건만 골라야 한다. 아마도 결혼 적령기의 남자라면 여자의 머리를 고를 확률이 높다. 이유는 자식 때문이다. 자식은 대부분 여자의 머리를 따른다.

남자가 아무리 서울대를 나오고 전문직이라 하더라도 엄마의 머리가 안 좋으면 자식은 머리가 안 좋을 확률이 높다. 대부분 머리는 모계를 따른다. 엄마의 머리 유전자가 아빠보다 더 강해서일 수도 있지만 엄마의 교육방식 때문일 수도 있다. 주변을 둘러봐도 엄마가 똑똑하면 대부분 명문대에 간다. 그러니 여자의 머리를 택하면 결국 자기 자식에게 좋은 일이 된다.

그 밖에 재산문제에 있어서도 전문직 여자를 고르면 당연히 늘어나게 되어 있다. 머리 좋은 여자는 재테크도 잘한다. 그러나 재산 많은 처가집은 장인어른이 죽어야 내 재산이 된다. 그러니 요즘 같은 장수의 시대에 재산 많은 처가집은 오히려 간섭만 많고 실속은 없다.

외모를 택한다면 자신은 좋지만 아이에게는 좋지 않을 수 있다. 결국 결혼 적령기의 능력 있는 남자는 좋은 와이프보다는 좋은 엄마를 선택한다.

암컷 공작이 화려한 꼬리의 수컷을 택하는 것이 유행이라 했다. 이유는 자식이 독신으로 살 우려 때문이다. 현재는 일부일처의 사회이다. 일부일처의 사회에서 여자도 남자도 암컷 공작과 마찬가지다. 한 남자, 한 여자만 선택해야 한다. 머리 좋은 자식이 독신으로 살지 않을 가능성이 크다. 그래야 내 대에서 유전자가 끊기지 않고 이어질 수 있다.

⭐ 결론

현대 사회에서 독신이 늘어나는 이유는 '너랑 사느니 혼자 사는 것이 낫기 때문'이다.

반복되는 상승과 하락 사이에서 **지속적으로 기회 잡는 법**

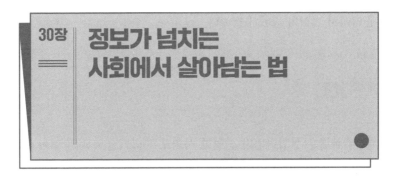

30장 | 정보가 넘치는
사회에서 살아남는 법

지식이 홍수처럼 쏟아지는 사회

지금은 엘빈 토플러가 저서 《제3의 물결》에서 언급한 정보화 사회로, 정보는 곧 돈이다.

제1의 물결

제1의 물결은 신석기 혁명의 농업 사회다. 기원전 8천 년 경부터 19세기까지다. 농부가 농작물을 심고 기후를 예측하고 수확한 농작물을 저장하는 지식만 있으면 되는 시기였다. 당시 지식은 지역적이었으며, 대부분의 지식은 변하지 않았다. 그래서 아이보다 어른이 존경받는 사회였다. 사계절이라는 사이클을 얼마나 많이 경험했는가에 따라서 지식의 깊이가 달랐다.

제2의 물결

제2의 물결은 산업혁명의 산업화 사회로 과학기술(지식)의 힘이 지배했다. 배타적인 자유무역이었기에 서구열강은 누가 더 많은 식민지를 건설하여 그곳에 얼마나 많은 양을 수출하느냐로 국력이 정해졌다.

공장이 자리잡으면서 농촌은 몰락하고 도시가 발달하였다. 농촌은 감자를 기르며 농사를 짓던 땅에서 양을 기르는 초원으로 바뀌었고 양모는 도시의 공장으로 보내졌다. 농사를 짓던 농부들은 일자리를 잃으면서 도시로 이주했고 빈민이 되었다.

산업혁명은 빈부의 격차를 더 벌렸다. 노동력의 대부분은 기계로 대체되었고 기계는 주로 화석연료에 의존했다. 따라서 주요 에너지는 석유, 석탄, 가스였다. 결국 산업혁명 이후 1980년 개인용 PC가 들어서며 정보화 시대가 되기 전까지는 에너지 전쟁이 주를 이뤘다. 어른보다는 지식 습득력이 빠른 젊은이가 더 유리했다.

반복되는 상승과 하락 사이에서 **지속적으로 기회 잡는 법**

제3의 물결

제3의 물결은 지식이 돈이 되는 정보화 사회다. 여기서 말하는 지식이란 세상의 모든 정보다. 비즈니스, 금융, 뉴스, 건강, 종교 등 말이다.

기업은 고객과 경쟁기업, 공급업체 등에 대한 끊임없는 데이터를 필요로 한다. 연구자들은 모든 분야에서 전세계 데이터를 모으고 있다. 가공된 지식과 가공되지 않은 지식, 추상적인 지식까지도 모두 데이터다. 그리고 이런 데이터는 모두 돈이 되는 정보다.

그러나 문제는 너무 많은 지식이 홍수처럼 쏟아진다는 점이다. 주식에 한정해도 TV, 인터넷, 유튜브까지 그 수를 헤아릴 수 없다.

내 손에 닿는 순간, 무용지물이 돼버리는 지식들

전문가부터 주린이까지 주식투자자들의 열정은 칭찬받을 만하다. 학창시절에 그랬던 것처럼 열공모드로 주식을 대한다. 하루 종일 주식방송을 듣고, 경제신문 구독과 온오프라인 강의까지 정보의 홍수에 빠져 죽을 만큼 많은 정보를 습득하고 또 습득한다. 그러나 아무리 주식공부를 열심히 해도 성공의 문턱에 다다르기까지는 멀고도 험하다.

그러나 아는가? 우리 손에 들어오기도 전에 그 정보는 이미 무용지물이 되어버린다. 내가 아는 정보는 온 우주가 아는 정보다. 내가 알고 내가 받아들이는만큼 다른 사람도 똑같이 한다. 따라서 이런 정보로 투자해 돈을 번다는 것은 어불성설이다. 결국 부지런한 정보 습득이 쓸모없는 짓이 되고 만다.

또한 유용한 정보라 하더라도 주가와 같은 방향으로 움직인다는 보장이 없다. 오히려 반대로 움직여 투자자를 당혹스럽게 만들기도 한다.

만약 미국의 GDP가 마이너스로 떨어질 것을 미리 알았다고 하자. 당연히 악재다. 그래서 숏을 쳤는데 막상 주가는 올라버렸다. 정보가 오히려 독이 된 경우다. 누가 봐도 악재인데 주가는 오르는 기현상을 어떻게 설명할 수 있겠는가?

정보를 활용한 투자가 실패할 수밖에 없는 이유는 다음과 같다.

복잡하다

먼저 정보가 미칠 파급효과를 알 수 없다. 어떤 사건이 일어났을 때 반드시 어떤 결과로 마무리 된다는 보장이 없다. 대부분 열린 결말이다.

'나비 효과'라는 영화를 보면 주인공이 현재를 바꾸려고 과거로 돌아가 사건을 바꿔놓지만 매번 자신이 의도한 결과와 어긋난다. 럭비공처럼 어디로 튈지 모르기 때문이다.

양이 너무 많다

정보의 양이 너무 많은 것이 문제다. 주가가 오르고 떨어지는 것에 변수가 너무 많다.

소비자물가지수, 실업률, 연준의 금리 인상, 미중 갈등, 전쟁, 달러 인덱스, 유가, 기타 등등 고려해야 할 변수가 너무 많다. 게다가 과거와 현재 일어난 변수에 미래에 발생할 돌발 변수까지 고려해야 한다. 슈퍼컴퓨터도 이 문제는 풀 수 없다.

분석할 능력이 없다

경기침체와 경기상승은 전문가 사이에서도 엇갈린다. 현재 상황이 경기침체인지 경기상승인지 도무지 알 수 없다. 1년쯤 지나고서야 주가 그래프를 보고 사후적으로 알 수 있다. 하물며 일개 개미가 어찌 알겠는가? 어쩌다 침체인지 상승인지를 맞춘다 하더라도 '장님 문고리 잡기'다.

즉 개미가 데이터를 분석할 능력도 없는 데다 어쩌다 맞춘다고 하더라도 요행일 뿐이다. 요행은 지속될 수 없다. 지속될 수 없는 능력으로 투자를 지속한다면 결국 지는 게임밖에 할 수 없다.

우발적인 사건에 대처할 수 없다

전문가와 슈퍼컴퓨터를 동원해 시장을 완벽히 분석했다고 하자. 그런데 갑자기 다음날 오늘과 정반대의 사건이 일어났다면 어찌해야 하는가? 코로나19, 러시아-우크라이나 전쟁, 중국봉쇄, 이스라엘-하마스 전쟁 등과 같은 사건은 시장에 큰 영향을 미친다. 그런데 우린 이런 일들을 미리 예측하거나 분석할 수 없다.

결국 정보를 찾는 것, 분석하는 것, 예측하는 것 모두가 무의미하다고 볼 수 있다. 따라서 공부를 열심히 한다고 해서 돈을 번다는 주장도 말이 되지 않는다.

정보보다는 통찰이다

개인이 주식시장에서 성공하려면 지식이나 정보보다는 통찰이 필요하다. 반드시 오를 종목에 장기간 투자하는 통찰 말이다. 그리고 개인들이 저지르는 실수를 하지 말아야 한다.

개인들은 좋은 주식을 사놓은 후 수면제 먹고 자고 일어나면 된다고 얘기하지만 그것은 인간의 감정을 배제한 헛소리에 불과하다. 떨어지는데 공포를 느끼지 않는 개미가 어디 있는가? 그리고 내 돈이 걸려 있는데 의도적으로 무관심할 수 있는가?

워런 버핏 정도의 시장을 움직일 자금이 아니라면 헤지는 필수다. 앞만 보고 달려가다가는 턱에 걸려 넘어지고 만다. 내가 가는 길에 갑자기 나타날 수도 있는 장애물을 항상 염두에 두어야 한다.

이 모든 걸 가능케 하는 도구는 결국 매뉴얼이다.

⭐ 결론

현재 실시간으로 쏟아지는 정보는 우리의 분석 능력을 넘었기에 이미 전부 쓰레기다. 따라서 정보는 무시하자. 개미들은 공부할 필요가 없으며 매뉴얼만 익혀 세계 1등에 장기투자하면 된다.

세이의 법칙에 따르면 '공급이 수요를 창출한다.'

그러나 이 법칙이 적용된 때는 가내수공업 시절 사람이 베틀로 면직물을 짤 때였다. 생산량이 워낙 적으니 만들면 만드는 대로 팔렸다. 공급이 수요를 항상 따라가지 못했으므로 공급이 수요를 창출할 수 밖에 없었다.

산업혁명으로 자본주의가 시작되었다. 그러자 공급이 수요를 초과했다. 사람과 마소의 노동력을 기계가 압도하며 과잉생산의 시대가 시작되었다.

이때부터 자본주의의 공통된 위기가 반복되기 시작한다. 위기의 원인은 '과잉 생산과 유효수요의 부족'이다. 대공황이 대표적이다. 처음에는 공장에서 물건을 만드는 족족 팔려나갔지만, 결국 과잉 생산 때문에 물건을 사갈 사람이 부족해졌다. 그러자 공장은 직원들을 해고했고, 실직을 당한 사람들은 물건을 살 능력이 없어졌다. 물건은 더더욱 안 팔리게 되고, 공장은 다시 더 많은 직원을 해고한다. 이런 악순환 끝에 대부분의 공장이 파산하고 말았다.

과잉생산이라는 자본주의의 위기를 어떻게 돌파했는가?

대공황 시절은 제국주의 시대다. 식민지가 많았던 영국, 프랑스 등은 과잉생산한 상품을 식민지에 내다팔아 수요의 부족을 메웠다. 그러나 식민지가 별로 없었던 후발 공업국인 독일, 일본, 이탈리아 등은 제2차 세계대전을 일으켰다.

게다가 이때는 금본위제 시대로 중앙은행은 쟁여놓은 금만큼만 돈을 찍어낼 수 있었다. 따라서 상품이 아무리 차고 넘쳐도 금의 양만큼만 물건을 살 수 있었다. 바로 이것이 과잉생산이 공황을 반복적으로 일으킨 원인이다.

20세기에도 자본주의의 위기는 계속되었다. 다만 과잉생산의 대상이 상품에서 자본으로 바뀌었다. 1971년 닉슨쇼크 이후 달러는 금과의 연동을 끊어버렸고, 과잉생산된 상품을 사지 못해 발생하는 공황도 더 이상 일어나지 않았다.

이 때부터 자본주의의 위기는 과잉생산된 돈 때문에 발생한다. 미국은 달러를 무한정 찍어내기 시작했다. 처음에는 달러 가치가 떨어졌으나 미국에도 복안은 있었다. 석유와 달러를 연동시켜 페트로달러시스템을 만들었다. 그리고 냉전시대 공산주의에 맞서려면 미국의 동맹국들은 미국의 안보에 기대야 했다. 그래서 자본주의 지역에서 벌어지는 모든 무역통화는 달러가 되었다. 따라서 달러는 아무리 많이 찍어내도 기축통화로써의 가치가 보존되었다.

이후 미국은 상품을 직접 생산하는 대신 달러를 주고 한국, 일본과 같은 동맹국의 상품을 사왔다. 본격적인 자본의 수출이 시작된 것이다. 이러한 구조는 미국과 동맹국 둘 다 이익이었다. 소비도 생산도 모두 GDP 증가로 잡히기 때문이다.

미국은 무역적자가 쌓여갔고 반면 동맹국은 무역흑자가 쌓여갔다. 이 구조가 지속되면서 동맹국에는 달러가 넘쳐 인플레이션이 생겼다. 이에 동맹국들은 미국의 국채를 사면서 인플레이션을 막았다.

미국이 달러를 무한정 찍어내면서도 문제가 생기지 않게 하려면, 대내적으로는 금융과 부동산으로 과잉 자본을 흡수해야 한다. 또한 대외적으로는 임금이 낮고 이윤이 높은 곳을 생산기지로 삼아 남아도는 자본을 수출해야 한다.

예를 들어 대내적으로는 남아도는 자본으로 부동산 가격을 끊임없이 올리면 된다. 대외적으로는 중국과 같은 개발도상국에 자본을 수출해 공장을 세워 저렴한 인건비로 만든 물건을 수입해 쓰면 된다.

선순환이 일어나면 미국은 부동산을 비롯한 자산가격의 상승이 일어나고 그로 인해 미국인들은 소비여력이 높아진다. 중국에서 저렴한 생산비로 수입한 상품 때문에 인플레이션도 일어나지 않는다.

그러나 이와 같은 과잉자본의 흡수는 미국만이 가능하다. 1985년 플라자 합의로 일본이 저금리를 지속하자 주식, 부동산이 천정부지로 뛰었다. 다른 나라로 과잉자본을 수출할 수 없었던 일본은 결국 거품이 꺼지면서 잃어버린 30년을 겪게 된다.

과잉자본이 만들어내는 문제들

자본주의의 과잉자본은 언제나 문제를 만든다. 중국은 상품을 판 돈으로 미국 국채를 사니 주택담보대출과 연동된 금리가 낮아진다. 아무리 연준이 금리를 올려도 중국이 계속 미국국채를 사면 장기금리가 높아지지 않는다. 따라서 미국인들은 저금리로 부동산을 지속적으로 매입한다.

결국 저금리로 인해 미국의 부동산은 크게 올랐고 연준이 지속적으로 금리를 올리자 2008년 금융위기가 터진다. 2008년 금융위기 이후 미국, 유럽 등 과잉자본을 수출한 선진국들은 부채위기에 시달렸다. 미국과 유럽의 부동산은 폭락했고 은행들은 시스템 위기에 처했다. 이 때 중국이 금융위기에 빠진 세계를 구했다.

중국은 부동산 개발을 통해 GDP를 끌어올렸다. 그러나 미국 방식으로 돈을 찍어 GDP를 끌어올렸기 때문에 과잉자본의 문제가 시작되었다. 중국에는 1억 채의 빈 집이 있다.

2008년 IMF 수석경제학자였던 라구람 라잔은 2005년 보고서에서 이렇게 말했다. "미국의 경상수지 적자와 부동산 거품은 지속불가능하다. 중국경제는 과잉투자와 미국의 수요에 의한 과잉의존으로 위험해지고 있다. 2008년 금융위기 이후에도 미국과 개도국 간 불균형은 고쳐지지 않았다."

2020년 코로나 위기가 터졌다. 미 연준은 2008년처럼 양적완화와 제로금리를 시작했다. 자본의 공급과잉으로 유효수요를 일으켜 위기를 돌파하려 했던 것이다. 미국은 내수에 천문학적인 보조금을 뿌려 상품을 사도록 했다.

덩달아 주가와 부동산도 천정부지로 뛰었다. 미국의 서민들은 주머니가 두둑해지자 상품을 사기 시작했다. 연준의 작전은 일면 성공한 듯 보였다.

그러나 중국에서는 코로나로 인해 도시 봉쇄가 일어났고 물류난이 심해졌다. 제조업의 가격이 올랐고, 설상가상으로 2022년 3월에는 러시아-우크라이나 간 전쟁이 발발한다. 그러자 석유, 천연가스, 원자재, 곡물 등 상품 가격이 뛰기 시작했다.

이로 인해 디플레이션 시대에서 인플레이션 시대로 패러다임이 전환되었다. 인플레이션은 화폐를 쓰레기로 만든다. 달러가 쓰레기가 되면 미국은 기축통화국에서 밀려난다.

연준은 이제 자본수출로는 인플레이션 문제를 해결하지 못한다. 2008년 금융위기 때는 중국이 인프라투자를 통해 미국의 과잉자본을 흡수해 주었다. 그러나 지금은 중국 또한 부채로 허덕이고 있다.

결국 연준은 긴축을 통해 과잉자본을 흡수해야 한다. 따라서 미국의 긴축만이 인플레이션 문제를 해결할 수 있다. 그러나 긴축으로 미국의 소비시장마저 무너지면 이제 세계는 물건을 사줄 곳이 없어진다. 과잉생산은 여전한데 소비가 사라진다면? 세계적인 경기침체가 올 수 있다.

세계 각국은 언제 올지 모를 경기침체에 대비해 발 빠르게 움직이고 있다. 미국은 IRA법과 반도체법을 통해 미국에 공장을 짓도록 유도하고 있다. 유효수요 부족에 대비해 첨단공장을 유치해 실업을 최대한 줄이려는 의도다.

독일은 미국의 반대에도 불구하고 중국에 제일 먼저 찾아갔다. 과잉생산된 물건을 수출하지 못하면 그들도 살아남을 수 없기 때문이다. 미국이 아니라면 중국에라도 팔아야 하는 입장이다.

한국 역시 수출할 나라들의 소비여력이 떨어지면 과잉생산 위기에 빠질 수 있다. 이미 한국은 무역수지 적자를 지속하고 있고, 그 폭이 심화되는 중이다.

⭐ 결론

공황은 과잉생산과 유효수요의 부족 때문에 반복해서 발생한다. 투자자로서 살아남으려면 미국에 투자하자.

미국의 IRA법, 칩4 동맹 등으로 미국발 보호무역이 시작되었고, 유럽은 이에 반발했다. IRA법으로 유럽의 공장이 미국으로 이동하기 시작하자 유럽은 보복관세를 준비하고 있다.

과거에도 보호무역은 존재했다. 1929년 대공황을 맞은 미국은 관세법으로 경제위기를 돌파하려 했다. 이듬해인 1930년 미국이 스무트-홀리 관세법을 제정하며 보호무역이 시작되었다. 그러자 프랑스, 이탈리아는 곧바로 보복관세를 시작했고 결국 2차 세계대전으로 관세전쟁은 마무리되었다. 그러나 이 전쟁으로 유럽은 몰락했고 미소 냉전이 시작되었다. 미국은 보호무역을 멈추고 GATT를 시작했다. 초토화된 유럽의 공산화를 막기 위해서였다. 어쨌든 GATT는 관세를 낮추는 데 성공했다.

관세를 좋아하는 기업은 수입품과 경쟁하는 국내기업이다. 반대로 관세를 싫어하는 기업은 당연히 수출기업이다. GATT에서는 호혜주의 원칙이 적용된다. 수출하는 곳의 관세가 하락하려면 반드시 국내 관세가 하락해야만 한다.

이러면 각국은 외국이 관여하지 않아도 수출업체와 수입업체 간 정치적인 투쟁이 벌어진다. 수출기업은 국내 관세에는 관심이 없으나 해외 관세를 낮추려면 국내 수입품과 경쟁하는 기업과 싸워야 한다. 그래야 수출을 통해 이익을 취할 수 있다.

지금도 세계적으로 유일하게 무역적자를 보는 나라는 미국이다. 한국, 유럽, 일본 등 모두 미국에 무역흑자를 보고 있다. 따라서 미국이 막대한 적자를 감수하면서 GATT를 밀어붙이면 각국은 수출이 이익이다. 미국이 일방적으로 손해를 봐주니 말이다. 그리고 당연히 수출을 해야 국가의 성장도 가능하다. 그러니 관세는 낮아졌다.

보호무역으로 가는 미국

그런데 왜 미국은 2022년 보호무역을 꺼내들었을까?

美 IRA에 속 타기는 EU도 마찬가지…무역보복? 우회할까?

실제 미국 전기차 기업 테슬라는 독일 베를린 공장에서 배터리를 만들려고 했으나 IRA의 세액 공제 문제 때문에 배터리 제조 장비를 미국으로 옮기기로 했다. 독일 폴크스바겐도 미국 내 사업 확장을 발표했으며, 철강업체 아르셀로미탈은 독일 내 생산량을 줄이고 미국 텍사스 제철소에 대한 투자 확대 방침을 밝혔다.

_ 2022년 11월 21일자 머니투데이

독일에 배터리 공장을 만들기로 했던 테슬라가 IRA의 세액공제 때문에 미국으로 공장을 옮기기로 했다. 독일 폭스바겐도 아르셀로 미탈도 독일에서 미국으로 투자처를 바꾸기로 했다.

이들이 공장을 옮기는 이유는 또 있다. 미국의 IRA법에 따른 세금 혜택도 크지만 러시아-우크라이나 전쟁 때문에 유럽의 천연가스 가격이 올라서다. 천연가스 가격이 오르면 공장을 돌리는 데 전기요금이 많이 나온다. 즉 독일에서 상품을 만들어 수출하면 원가경쟁력이 떨어진다는 말이다. 차라리 미국으로 옮기는 것이 유리하다.

미국이 우크라이나에 무기를 대주는 이유가 여기에 있다. 유럽은 전쟁으로 인해 안보위협을 받음과 동시에 제조업 기반이 무너진다. 대신 미국은 안전하며 세금혜택과 동시에 리쇼어링을 할 수 있다. 유럽의 힘이 약화되면 결국 미국 의존도가 높아진다. 궁극적으로 미국이 차후에 중국을 견제하는 데 있어서도 유럽은 미국의 말을 들을 수밖에 없다.

유럽의 반발로 IRA가 고쳐질까? 즉 미국에서 만들어야 세금혜택을 받을 수 있는 법에서, 유럽만을 예외로 둘 수 있을까 하는 것이다. 만약 예외를 두기 시작하면 한국, 일본, 동남아 등 다른 미국의 동맹국들이 반발하게 될 것이다. 또한 중국은 베트남과 같은 곳에 공장을 지어 미국에 우회 수출을 하게 된다.

IRA에 구멍이 뚫리면 미국은 중국을 효과적으로 제재할 수 없다. 그래서 트럼프가 TPP(환태평양경제동반자협정)를 반대했던 것이다. 중국이 틈새를 노리고 공장을 해외로 이전하여 수출하면 미국으로써도 잡아낼 수 없기 때문이다.

IRA, 칩4 동맹의 의도는 세계화를 완전히 끝내자는 목적이 아니다. 자유무역은 하되 중국이 첨단기술을 가져가지 못하도록 막는 핀셋 정책이다.

중국은 '중국제조 2025'를 통해 제조업 강국을 3등급으로 나눴다.

- 1등급: 미국
- 2등급: 독일, 일본
- 3등급: 영국, 프랑스, 한국, 대만 등이다.

2025년까지 3등급 진입, 2035년까지 2등급 진입, 2045년까지 미국을 제치고 제조업 세계 최강국인 1등급 진입이다.

'중국제조 2025'를 본 미국은 경악했다. 미국의 칩4 동맹은 반도체, IRA는 전기차, 배터리 친환경 기술이다. 이는 제조업 3등급인 한국, 대만의 핵심기술이다. 따라서 중국이 2025년에 따라잡을 나라들의 기술을 대신 지키겠다는 것이 바로 미국의 의도다.

중국은 3등급에 진입하기 위해 해킹, 핵심인력 빼가기, 국가차원의 천문학적인 보조금 지급 등 온갖 불법을 일삼고 있지만 현재까지는 실패다.

IRA, 반도체 칩4 동맹은 미국과 동시에 한국을 지키기 위한 법이다. 어차피 한국도 반도체를 빼면 대중국 흑자가 크지 않다. 만약 반도체 기술마저 중국에 빼앗긴다면 중국의 기술 속국이 되어 무역적자국으로 전락한다. 이미 한국은 반도체를 제외한 수출품에서 중국과의 무역적자가 시작되었다.

물론 미국은 IRA, 반도체 칩4 동맹 등을 통해 반도체공장, 친환경 전기차, 배터리공장 등을 유치하면서 리쇼어링과 일자리 등을 가져가고 있다. 하지만 미국은 돈을 찍어내 소비하는 나라지 제조업이 아니다. 가진 기술을 빼앗거나 해킹하는 중국과는 다르다.

그런데도 미국 본토에 반도체, 친환경 전기차 등의 공장을 유치하려는 의도는 반도체뿐 아니라 양자컴퓨터 기술 등 차세대 첨단기술이 중국에 흘러들어가지 않도록 막기 위함이다. 이 기술들은 바로 최첨단 군사기술들이다.

중국이 1등급 나라가 된다는 것은 미국을 제치고 군사기술 1위의 나라가 된다는 의미다. 즉, 중국은 패권국이 되려는 야심을 보이고 있으며, 미국이 이를 가만히 지켜볼 리가 없다.

미국의 전략은 중국의 막대한 투자를 무산시키려는 의도도 포함되어 있다. 반도체에 천문학적인 돈을 투자하고 결국 성과를 내지 못한다면 중국은 곧 중진국 함정에 빠지게 된다. 중국은 급속히 늙어가는데 최첨단 제조강국으로 가지 못하면 경제는 조만간 역성장을 맞게 될 것이고, 2045년까지 미국을 추월하려는 중국의 목표도 이룰 수 없게 된다.

⭐ 결론

미국의 최근 법들은 세계 자유무역을 막자는 의도가 아니라, 중국의 최첨단 군사강국 목표를 와해시키는 데 있다.

반복되는 상승과 하락 사이에서 **지속적으로 기회 잡는 법**

33장

신분이 고착화되고 있다

한국이 겪은 세 번의 신분적 대격변기

한국은 계급이 없어진 나라 중 하나다. 우리로 치면 조선시대 이후
세계의 계급이 모두 사라졌다고 생각하겠지만 사실은 그렇지 않다.
유럽에는 아직도 왕과 귀족이 남아 있고, 미국도 말로만 평등을 외
칠 뿐 사회, 정치적 리더 계급이 존재한다. 일본도 마찬가지다. 이
나라들은 식민지를 겪지 않아서 계급이 없어지지 않았다는 특징이
있다.

한국은 세 번의 큰 신분적 격변을 겪는다. 일제 식민지시대와 한
국전쟁, 산업화다.

일제 식민지시대

일제시대 신분제가 타파되면서 양반계급이 몰락한다. 양반은 다시 조선으로 돌아가기를 원했기 때문에 땅을 팔아서라도 독립군에 자금을 댔다. 그러다 결국 땅 팔고 재산 팔아서 만주로 넘어갔고 대부분은 독립군을 하다 조선족이 되었다. 결국 대한민국은 일제시대를 겪으면서 양반이 몰락했다.

한국전쟁

전쟁은 부자를 몰락시킨다. 한국전쟁 전에는 땅을 가진 지주가 부자였다. 전쟁중에는 부자들의 자산인 건물이 무너지고 부자들의 세금으로 전비를 충당한다. 잃을 것이 가장 많은 부자들이 가장 많은 피해를 입는 것이 바로 전쟁이다.

게다가 전쟁은 강력한 인플레이션을 일으킨다. 농업사회였던 한국에서 부자였던 지주들은 농지개혁으로 땅을 팔아야 했고, 땅 판 돈은 전쟁 인플레이션으로 휴지조각이 되었다. 지주(부자)들은 한국전쟁으로 몰락했다.

산업화

산업화의 중심은 엘리트였다. 군부독재의 군인, 행정고시를 패스한 관료, 대기업 간부들이다. 자세히 보면 이들은 태어난 가문의 신분 (양반)이 아닌 교육을 통해 얻은 신분(엘리트)이다. 즉 어디서 태어났느냐가 아닌 머리가 얼마나 똑똑한가에 따라 신분이 결정된 것이다.

한국의 부모들은 산업화 이후 교육에 목숨을 건다. 이는 한국이 선진국으로 진입하는 데 토대가 되었다.

선진국은 '농업사회-산업사회-서비스사회'의 과정을 거친다. 농업사회에서 산업사회로 변모할 때는 농업의 값싼 노동력이 도시의 공장으로 이동한다. 공장은 단순조립 가공업이다.

그러나 지방의 농업인구 중 값싼 노동력의 공급이 끊기고 임금이 올라가면 딜레마에 빠진다. 임금은 올라갔는데 조립가공업을 하면 1인당 부가가치가 떨어진다. 따라서 자본은 임금이 더 싼 중국과 같은 개도국으로 움직인다.

이 때 선진국이 되려면 서비스사회로 바뀌어야 한다. 그러려면 교육을 받은 엘리트 계층이 필요하다. 한국은 가난한 시절에도 교육열이 높아 대학교 이상의 고등교육을 받은 사람들이 많았다. 따라서 이렇게 학력이 높은 사람들이 반도체, 자동차 등과 같은 핵심 부가가치산업을 이끌 수 있었다.

그리고 대부분의 중산층을 이뤘던 공장을 다니던 공원들은 일자리를 잃게 된다. 결국 공장에 다니던 중산층은 식당을 하거나(자영업자) 배달과 같은 서비스업으로 직종을 바꾸며 몰락한다.

한국에 정착한 유래없는 평등의식

이렇게 3번의 큰 신분적인 격변을 겪고 나서 한국에는 유래없는 평등의식이 자리잡는다. 대표적으로 '사촌이 땅을 사면 배가 아프다'는 속담이 한국인의 투자습관을 대변한다. 즉 한국인은 유행의 쏠림현상이 극도로 심하다. 등산이 유행하면 죄다 등산복 입고 등산하고, 골프가 유행이면 20대도 골프를 친다.

투자도 마찬가지다. 주식에서 동학개미, 부동산에서 영끌, 벼락거지 등의 단어들이 그냥 나온 말이 아니다. 주식 가격이 오르면 동학개미 운동으로 주식에 올라타고 코인이 오르면 코인 광풍이 분다. 부동산 가격이 오르면 부동산 하나 없는 나는 벼락거지가 된다.

그러나 투자에서 유행의 쏠림은 좋지 않다. 그랬다가는 오를 때 사고 떨어질 때 파는 실수만 반복할 뿐이다. 주식은 팔 수라도 있지만, 부동산은 오를 때 사고 떨어질 때 팔지 못한다. 그대로 망하는 길이다.

한국전쟁이 끝난 지도 70년, 한국 사회의 신분은 서서히 고착화되어가고 있다. 전쟁, 식민지, 산업화 등이 더 이상 일어나지 않는다면 더 이상의 재벌도 벼락부자도 없다. 대부분 자신이 사는 계층으로 살다가 죽는다.

최근 소위 끼리끼리 결혼하는 동류혼이 증가 추세다. 대표적으로 부자는 부자끼리 중산층은 중산층끼리 전문직은 전문직끼리 결합한다. 과거에는 부자와 가난한 사람의 결혼으로 신분이 분산되고, 부의 재분배도 있었으나 동류혼의 증가는 신분의 이동을 막고 신분을 고착화하는 역할을 하고 있다.

부는 자산과 소득으로 측정할 수 있다. 예를 들어 자산은 욕조에 담겨 있는 물이고, 소득은 욕조로 물이 흘러들어오는 수도꼭지다. 욕조에 물이 많아도 부자가 될 수 있고 수도꼭지에서 물이 콸콸 나와도 부자가 될 수 있다.

부자는 자산이 많은, 즉 욕조에 물이 많은 사람이다. 반면 전문직은 소득이 많은, 수도꼭지를 통해 많은 물이 들어오는 사람이다. 그런데 이들끼리 결혼을 한다면 이미 욕조에 물이 가득한데, 수도꼭지에서도 물이 쏟아지는 형국이다. 부자는 더 단단하고 확고한 부자가 되고, 개천에서 용 나는 일은 더욱 희박해진다. 요즘은 경제적 능력이 없으면 애초에 결혼을 포기하고 독신으로 지낸다.

신분의 고착화 현상은 더욱 가속화될 것이라 생각한다. 우리가 평등하다고 생각하는 교육부터 차이가 난다. 부모가 부자이면서 교육 수준까지 높다면, 자녀는 최고의 명문대와 최고의 직업을 목표로 출발선부터 관리를 받으며 자라게 된다. 신분 간 선순환과 악순환이 반복되며 이동이 점차 막히는 사회로 갈 것이다.

⭐ 결론

어떤 부모를 만났느냐에 따라 부의 서열이 결정되는 세상이 오고 있다. 아직 부자가 아니라면 소득이 새어나가지 않게 관리하면서 자산을 형성해 가야 한다. 부자의 꿈을 내 대에서 이룬다면 금상첨화지만, 자식 대에 가서야 부자가 될 수도 있다는 사실을 가정에 넣어둬야 한다. 내 대에서 힘들다면 자식 대에서라도 꿈을 이룰 수 있도록 플랜을 세워야 한다.

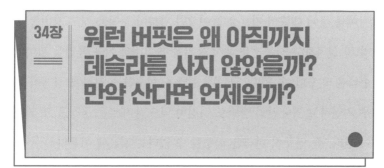

버핏은 현금이 잠기는 기업을 피한다

2022년 12월 테슬라 겸 트위터 CEO인 일론 머스크는 트위터 대담 행사에서 "버핏이 2023년 패닉 시장에서 많은 주식을 살 것으로 예상한다"고 말했다. 아마도 버핏이 '주가가 많이 떨어진 테슬라도 사주지 않을까'라는 희망이 아니었나 생각된다. 그러나 내 생각에 테슬라는 버핏의 쇼핑목록에 들어 있지 않을 것이다. 현재의 테슬라는 버핏이 좋아하는 형태가 아니기 때문이다.

버핏이 꺼리는 종목은 해자가 없으면서 현금이 잠기는 종목이다. 현금이 잠기는 대표적인 종목은 LG 디스플레이다. 기술진입 장벽은 낮으면서 경쟁이 치열하고 끊임없이 R&D 비용과 공장 신증설로 현금이 소모된다.

예를 들어 대량의 자본을 들여 2년 가까이 공장을 짓고 장비를 반입 및 설치하고 시운전을 해서 물건을 찍어내야 겨우 물건을 팔아서 현금을 회수할 수 있다. 그런데 현금을 회수하는 시점에 경쟁이 너무 치열하고 기술진입 장벽도 여전히 낮으면 새로운 공장을 또 지어야 한다. 즉, 영구히 현금을 회수할 수 없다는 결론에 이른다.

버핏이 말한 현금 잠김 종목은 디스플레이 외에도 항공업이 대표적이며, 잘 생각해 보면 삼성전자와 같은 반도체 산업도 마찬가지 형태로 굴러가고 있다. 그 밖에 조선업, 건설업, 철강업 등 대부분의 제조업이 모두 이 범주에 속한다.

현금이 잠긴다는 것은 설비투자에 돈이 지속적으로 들어간다는 의미고, 이는 곧 항상 돈이 모자라 배당을 할 수 없으며 자사주 매입도 불가능하다는 뜻이다. 주주친화정책에 역행하므로 주가가 오를 수 없다.

요즘 전기차 시장도 마찬가지다. 진입장벽이 낮아 중국의 저가 자동차가 쏟아져 들어오고 있다. 럭셔리 시장에는 벤츠, BMW 등이, 중저가 시장에는 현대차, GM, 포드 등이 포진해 있다. 전기차 시장이 커지고 있는 것은 사실이지만 압도적인 해자가 없다면 결국 전기차 시장도 현금이 영원히 잠기는 산업이 될 것이다.

버핏이 좋아하는 기업은 바로

워런 버핏이 좋아하는 종목은 반대로 생각하면 답이 나온다. 해자가 있으면서 현금이 잠기지 않는 종목이다. 버핏의 버크셔해서웨이에서 가장 큰 포지션을 차지하는 4개 회사는 바로 코카콜라, 아메리칸익스프레스, 뱅크오브아메리카(BOA) 그리고 애플이다. 이들 기업이 가진 4개의 강력한 해자와 현금이 잠기지 않는 구조를 살펴보자.

자본투자

설비투자 없이 추가 수익을 올릴 수 있으므로 현금이 잠기는 투자를 할 이유가 없다.

코카콜라는 공장을 짓고는 있겠지만 그렇다고 대규모의 신설 공장이 필요한 건 아니다. 아메리칸익스프레스와 BOA는 현금이 대규모로 들어가는 공장 자체가 존재하지 않는다.

애플도 마찬가지다. 부품은 세계적인 부품회사와 공급계약을 맺고 있고 폭스콘에서 최종 조립을 한다. 애플은 디자인만 할 뿐, 제조는 모두 협력업체의 몫이다. 폭스콘의 영업이익이 4% 남짓인데 비해 애플의 영업이익이 25%나 되는 이유가 여기에 있다. 현금이 잠기는 설비투자는 애플이 아닌 부품회사의 몫이다.

최근 버핏의 러브콜을 받으며 이슈의 중심에 선 종목으로 '옥시덴탈페트롤리움'이 있다. 버핏은 왜 갑자기 석유회사를 포트폴리오에 담고 있을까? 아마도 석유산업 역시 자본투자가 끊임없이 들어가는 기업이 아니기 때문일 것이다.

석유산업은 현재 대세인 친환경 산업과는 완전히 반대편에 서 있다. 그러나 역설적이게도 석유산업이 사양산업이 되자 자본투자를 끊임없이 하지 않아도 되는 산업이 되었다. 친환경 에너지로의 전환이 하루아침에 된다면 위기일 수 있으나, 그만큼 시간이 필요하므로 향후 30년 이상은 절대적으로 필요한 산업으로 남아 있을 것이다. 그러니 자본투자는 없으면서 이익은 최대로 거두는 산업이 될 것이다.

또한 미래가치가 없으니 새로운 기업이 대규모 자본을 들여 들어올 리가 없고, 이는 자연스레 진입장벽으로 작용한다. 결국 새로운 유전개발은 없을지언정, 그럼에도 석유에너지는 필요하므로 석유산업은 몇몇의 기업이 독점하는 형태가 될 것이다.

엑슨모빌도 세계 곳곳의 유전을 파헤치지 않고 미주대륙에만 집중하기로 했다. 있는 유전만 관리하겠다는 의미다. 엑슨모빌은 2022년 최대의 영업이익률을 거뒀다.

반복되는 상승과 하락 사이에서 **지속적으로 기회 잡는 법**

라이센스

정부가 면허를 내주는 산업을 영위하는 기업들이므로 진입장벽이 높고 경쟁이 심하지 않다. 여기엔 은행, 보험, 카드사 등이 해당되고, 아메리칸익스프레스, 뱅크오브아메리카(BOA), 버크셔해서웨이가 그런 기업들이다.

락인

고객의 전환비용이 커서 한번 사용하면 바꾸기 힘들다. 대표적으로 은행과 보험사를 들 수 있으며, 버크셔해서웨이는 보험지주사다. 특히 연금보험은 젊을 때 돈을 받아서 나이가 들면 되돌려 주는 구조다. 그래서 버핏은 베이비부머들이 젊을 때 맡긴 보험금으로 인수합병을 하여 많은 차익을 남겼다.

애플과 코카콜라 등도 비슷한 구조다. 애플은 한번 쓰기 시작하면 다른 폰으로 바꾸기가 쉽지 않고, 코카콜라도 한번 맛을 들이면 중독성이 강해 계속 애용하는 특성이 있으며, 아메리칸익스프레스, 뱅크오브아메리카(BOA)도 동일한 구조를 가진 기업들이다.

브랜드

브랜드가 고객의 마음속에 한번 자리잡으면 후발 주자는 그 벽을 깨기가 매우 힘들다. 자동차 하면 벤츠, 포르쉐, 페라리 등이 생각나고, 음료는 코카콜라, 면도기는 질레트, 스마트폰은 애플 등이 그렇다. 주로 일반인을 상대하는 B2C 기업들이 많고, 기업을 상대하는 B2B 기업은 거의 이 그룹에 속해 있지 않다.

버핏이 테슬라를 산다면 언제일까?

버핏도 초기에는 주로 벤자민 그레이엄의 담배꽁초 투자법을 사용했다. 싸게 사서 비싸게 파는 전략인데, 여기엔 문제가 있었다. 끊임없이 싼 기업을 찾아야 하고 적당한 가격에 팔아야 했다. 시간도 많이 걸릴 뿐더러 세금 부담도 과중했다.

이후 버핏은 찰리 멍거의 영향을 받아, '적당한 회사를 훌륭한 가격에 사기보다 훌륭한 회사를 적당한 가격에 사는 투자법'을 추구하고 있다. 적당한 가격에 사려고 블랙먼데이(1987년) 이후 해자가 있는 코카콜라를 1988년에 매입한다. 애플도 초기에 사지 않고, 스마트폰의 확실한 해자가 확인될 때까지 기다려 2016년에 매입했다.

반복되는 상승과 하락 사이에서 **지속적으로 기회 잡는 법**

그렇다면 버핏은 언제나 테슬라를 사게 될까? 이미 버핏은 중국의 전기차 기업인 BYD를 10년 전에 사서 이익실현을 했다. 그럼에도 BYD가 포트폴리오에서 차지하는 비중이 의미 있게 높지는 않았다.

아마도 버핏이 전기차 기업을 인수한다면 해자를 완벽하게 갖추는 시점이 아닐까 생각한다. 현금 잠김이 없고 치킨게임으로 경쟁자를 다 물리쳐 더 이상 경쟁자가 없으며 락인이 확실하고 압도적인 브랜드 인지도를 키운 기업이라면 매수를 시작할 것이다.

세계 1등 투자법도 워런 버핏의 투자법과 일맥상통한다. 워런 버핏은 천재적인 머리와 감각으로 애플을 골랐지만 우리는 애플을 세계 1등이라는 이유로 골랐었다(물론 지금은 마이크로소프트지만). 시장이 골라준 세계 1등 기업은 위의 해자를 갖고 있고 현금흐름이 좋다.

2000년 초반의 GE, 마이크로소프트, 2000년 중반의 엑슨모빌 그리고 2010년대 이후 애플까지 모두 워런 버핏이 좋아하는 기업의 조건과 일치한다. 게다가 세계 1등 기업은 언제 살지, 팔지까지 알려준다. 세계 1등이 되면 사고 1등에서 밀려나면 판다. 워런 버핏의 머리와 감각이 없더라도 누구나 좋은 기업을 고를 수 있는 것이다.

★ 결론

버핏이 좋아하는 종목은 압도적인 해자를 기반으로 현금흐름을 만들어내는 주주친화적인 기업이다. 아직은 버핏이 테슬라를 살 때가 아니다. 향후 테슬라가 버핏의 쇼핑목록에 들어가는 기업으로 성장할지 지켜보는 것도 흥미로운 관전 포인트가 될 것이다.

35장

테슬라는 왜 신차 가격을 낮췄을까? 테슬라의 전기차 치킨게임 1

콧대 낮춘 테슬라...1000만원 대 가격 인하

테슬라는 중국에서도 차가격을 최대 13.5% 낮췄다.   지난해 10월에 이어 약

석 달 만에 중국 시장 차 가격을 또 내린 것이다.

_ 2023년 1월 7일자 파이낸셜뉴스

테슬라가 신차 가격을 낮췄다. 그러자 수요에 대한 불안과 재고더미

가 사실로 드러났다며 테슬라 주가는 하루 10% 넘게 빠졌다.

테슬라는 코로나 시기 물류난으로 원가부담이 늘자 가격을 올렸

다. 차가 잘 팔렸으므로 가격을 소비자에게 전가한 것이다. 테슬라

는 전기차계의 애플, 즉 럭셔리함의 상징이다. 그런데 그런 테슬라

가 스스로 가격을 낮췄다는 것은 천하의 명품이 세일을 한 것이나

다름없다.

2022년 4분기 테슬라는 약 43만 대 예상에서 40만 대 판매고를 기록했다. 예상치를 하회하는 판매실적이 발표되자 투자자들은 재고가 만만찮음을 다시 깨닫게 되었고, 주가도 재차 하락했다.

테슬라의 신차 가격 인하, 치킨게임의 서막일까?

테슬라는 왜 신차 가격을 낮췄을까? 전기차가 이미 블루오션에서 레드오션으로 진입했고 이제는 치킨게임을 준비하는 것이 아닌가 생각된다.

치킨게임은 시장 1위 기업이 후발주자를 따돌리려고 가격을 낮추어 시장점유율을 올리는 행위다. 시장 1위 기업은 잉여현금도 있고 기술도 앞서며 고객의 브랜드 인지도도 있다. 따라서 설비를 늘려 규모의 경제를 달성하고 그를 기반으로 원가를 최대한 낮춘다면 이제 시장에 막 뛰어드는 후발주자들이 적자를 견디다 못해 결국 파산하게 된다.

이러한 치킨게임은 2000년대와 2010년대 삼성전자가 주도했던 메모리 반도체 치킨게임과 동일하다. 2000년대에는 독일의 반도체 기업이 망했고 2010년대 치킨게임으로 일본의 반도체 기업이 망했다. 그리고 현재 삼성전자, SK하이닉스, 마이크론이 살아남아 메모리 반도체 3강 체제가 확립되었다. 그 외에도 현재 한국에서 쿠팡이 이마트, 롯데마트 등을 상대로 치킨게임을 벌이고 있다.

지금 가장 큰 전기차 시장인 중국에서는 전기차 업체들이 난립하고 있다. 보조금을 주면서 전기차 기업들이 우후죽순으로 생겨났다. 전기차가 만들기 쉬운만큼 만들기만 하면 정부보조금이 기업으로 들어온다. 땅짚고 헤엄치기다.

그런데 2023년부터는 중국의 전기차 보조금이 없어진다. 그리고 인플레이션으로 시작된 미국 연준발 고금리시대가 시작되었다. 자금과 기술력, 브랜드 인지도가 떨어지는 기업은 바로 도태된다. 치킨게임을 하기 딱 좋은 시대가 열린 것이다.

테슬라의 선전에도 불구하고 현재 연간 전기차 판매량은 1,000만 대에 미치지 못한다. 1,000만 대가 중요한 이유는 내연기관차 연간 판매량이 9,500만 대에서 1억 대 정도이기 때문이다. 만약 내연기관차가 전부 전기차로 바뀐다고 가정하면 전체 자동차 판매량의 10% 정도 되는 지점이 바로 1,000만 대다.

시그모이드 곡선에 의하면 10%까지는 모든 전기차 브랜드가 오른다. 그러나 10%를 상회하는 순간부터는 주도기업이 나타나며 급격히 전기차로 대체되는 현상이 벌어진다. 주가는 반대로 횡보할 가능성이 있다. 이유는 치열한 치킨게임 때문이다.

치킨게임 과정에서 전기차 점유율 상위 3개~5개 정도의 과점기

그림2_시그모이드 곡선

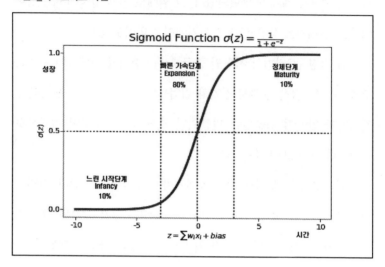

업이 후발주자들을 죽이려고 가격은 내리고 성능은 올린다. 할인판매와 대대적인 설비투자, R&D투자도 이어질 것이다. 치킨게임이 시작되면 본격적으로 장밋빛 미래보다는 철저한 실적과 시장점유율로 주가가 오르내릴 것이다. 그런데 지금은 전기차 판매량이 연간 1000만 대도 안 되는 상황에서 시작되었다.

만약 테슬라의 의도대로 치킨게임의 승자가 된다면 테슬라를 비롯한 3강 또는 5강 정도의 전기차 기업이 시장점유율을 나눠먹을 것이다. 반면 치킨게임에서 탈락한 기업은 영원히 사라질 것이다.

반복되는 상승과 하락 사이에서 **지속적으로 기회 잡는 법**

테슬라발 치킨게임에서 가장 위험한 기업은?

전기차 치킨게임에서 가장 위험한 기업은 이익률이 떨어지는 기업이다. 치킨게임은 대부분 이익률이 높은 기업이 시작한다. 이들은 설비투자를 선제적으로 할 수 있다. 치킨게임이 길어질수록 이익의 대부분을 설비투자, R&D 등에 재투자해야 한다.

업계 전반적으로 높은 이익을 재투자에 쏟다가 어느 순간 경쟁이 치열해져서 이익률이 확 떨어지면 어떻게 되는가? 기대치가 꺾이면서 주가는 고꾸라진다. 반도체 치킨게임에서 망했던 엘피다, 키몬다 등과 같은 경우다.

즉 치킨게임 와중에 주가가 급락한다면 빠져 나와야 할 때다. 그러나 치킨게임이 진행되는 동안 주가의 급등락은 항상 있는 일이다. 따라서 종교와 같은 믿음으로 투자해서는 안 된다. 운 좋게 투자한 기업이 후발주자를 제치면 주가가 급등하겠지만, 만약 치킨게임에서 밀린다면 상장폐지를 당할 수도 있다.

⭐ 결론

성장에는, 가치를 파괴하면서 하는 성장이 있고 가치를 창출하면서 하는 성장이 있다. 전자는 치킨게임이 시작되는 성장이고 후자는 치킨게임이 끝나고도 지속적으로 하는 성장이다. 후자의 대표는 시즈캔디, 코카콜라, 뱅크오브아메리카, 아멕스카드, 애플 등이다. 워런 버핏은 후자에만 투자한다.

지난해 글로벌 판매 신차 10대 중 1대 '전기차'

전 세계적으로 전기 자동차 판매는 지난해 처음으로 약 10%의 시장 점유율을 달성하며 중요한 이정표를 넘어섰다. 자동차 판매를 추적하는 연구 그룹인 LMC 오토모티브와 EV—볼륨스닷컴의 예비 조사에 따르면 완전 전기 자동차의 글로벌 판매는 전년 대비 68% 증가한 약 780만 대에 달했다.

_ 2023년 1월 16일 한국경제

글로벌 자동차 기업은 평균 연간 950만 대에서 1,000만 대 정도의 판매고를 올린다. 그래서 10%를 100만 대 정도로 보았고, 테슬라의 치킨게임이 좀 이른 감이 있다고 생각했다. 하지만 위 기사를 보면 2022년에는 자동차의 총 판매량이 약 7,800만 대 정도로 집계되었고, 그중 전기차는 780만 대로 시장점유율 10%를 달성했다. 이렇게 놓고 보면 테슬라의 치킨게임 시점이 매우 시기적절해 보인다.

앞 장에서 시그모이드 곡선을 통해 10% 달성의 중요성을 강조했다. 어떤 시장이 커나갈 때 시장점유율 10%를 달성할 때까지는 모든 기업의 주가가 오른다. 그러나 10%가 넘어서는 순간부터는 치킨게임에 들어간다. 그리고 80%를 넘어가면서부터는 안정기에 들어가고 과반의 기업이 시장을 나눠 갖는다.

테슬라는 차 가격 인하 후 주가가 크게 부양되었다. 떨어지는 시장점유율을 다시 뺏어오려고 시작한 치킨게임이기에 초반 가격 인하 전략이 잘 먹혔고, 차도 잘 팔렸다. 그러나 알아야 한다. 그동안은 전기차 기업의 수익률이 낮아도 미래가치가 있기 때문에 주가가 올랐다. 테슬라가 끊임없는 고평가 논란에도 불구하고 주가 상승이 멈추지 않은 이유였다. 그러나 10%가 넘어가는 순간부터는 시장점유율 싸움이 된다. 이는 곧 이제부터는 주가에 미래가치가 포함되지 않는다는 말이기도 하다.

지금부터는 시장점유율과 순이익으로 대변되는 철저한 숫자 싸움이다. 치킨게임은 시장점유율을 높이지만 가격 인하 효과로 순이익은 떨어진다. 따라서 순이익을 높이려면 더 많은 설비투자를 통해 시장점유율을 높여야 한다. 매우 지리한 싸움이 될 것이다. 왜냐하면 전기차 후발 주자가 나가 떨어질 때까지 순이익을 희생시켜 설비투자, R&D 투자가 끝없이 이어지기 때문이다.

앞서 설비투자가 계속되는 기업의 특징을 설명했다. 워런 버핏이 왜 그런 기업을 회피했는가? 설비투자 기업의 주가가 가장 낮을 때는 설비투자를 시작할 때다. 주가는 2년 정도 선행한다. 그리고 주가가 오르는 시점은 설비투자가 끝나고 본격적으로 규모의 경제를 이뤄 순이익이 늘어날 때다. 순이익이 늘어나면 순이익을 자사주 소각과 주주배당으로 돌리면서 주가가 올라간다.

그런데 만약 순이익이 늘어날 시점에 치킨게임이 치열해지면서 또다시 설비투자에 막대한 돈이 들어가야 한다면 어떻게 되는가? 주주에게 돌아가야 할 몫이 또다시 설비투자에 들어가면서 주가는 다시 떨어진다. 이 과정이 무한 반복된다.

테슬라는 치킨게임 시점을 왜 지금으로 잡았을까?

그렇다면 왜 테슬라는 지금 이 시점을 치킨게임의 시작으로 봤을까?

심상찮은 테슬라…美 점유율 14%P '뚝'

29일(현지시간) 시장조사업체 S&P글로벌은 "지난 1~9월 등록된 미국 전기차 52만5000대 중 65%인 34만 대가 테슬라 차량이었다"고 발표했다. 2020년

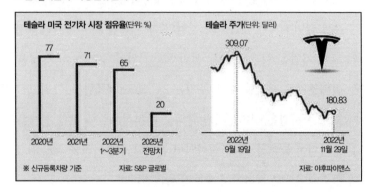

그림3_테슬라 시장점유율과 주가

테슬라 미국 전기차 시장 점유율(단위: %)

77   71   65   20

2020년 2021년 2022년 2025년
                1~3분기 전망치

※ 신규등록차량 기준   자료: S&P 글로벌

테슬라 주가(단위: 달러)

309.07   180.83

2022년   2022년
9월 19일   11월 29일

자료: 야후파이낸스

79%, 2021년 71%이던 테슬라의 시장점유율이 올해 60%대로 내려앉았다.

3년 뒤엔 판도가 달라질 것이란 전망이다. S&P글로벌은 "2025년 테슬라의

시장 점유율이 20%를 밑돌 것"으로 예상했다. 미국에서 판매되는 전기차 모

델은 현재 46종에서 2025년 159종으로 세 배 이상으로 급증할 것으로 내다

봤다.

_ 2022년 11월 30일자 한국경제

기사를 보면 테슬라의 점유율은 2020년 79%에서 21년 71% 그리

고 22년 3분기까지 65%로 떨어지고 있다. 이는 시장점유율과 순이

익이 동시에 떨어지고 있음을 의미한다. 더 큰 문제는 3년 후가 되

면 테슬라의 시장점유율이 20%를 밑돌 것으로 보인다는 점이다. 경

쟁차종도 159종으로 세 배 이상 늘어난다. 따라서 경쟁자를 죽이려

면 테슬라는 반드시 규모의 경제를 이뤄 가격을 낮춰 경쟁자를 압도해야 한다.

테슬라와 애플의 서로 다른 미래 전략

여기서 애플과 테슬라의 미래 전략이 나뉜다. 애플은 스마트폰 시장이 커질 때 가격을 낮추는 대신 고급화 전략을 구사했다. 따라서 스마트폰 100%의 점유율에서 iOS 진영의 비율은 30%로 가라앉았다. 반대로 삼성을 비롯한 구글의 안드로이드 진영의 비율은 70%까지 올라왔다.

그러나 애플은 고급화 전략을 썼기 때문에 순이익이 떨어지지 않았다. 설비투자를 폭스콘에게 맡기면서 비용을 모두 떠넘겨 설비투자 비용도 들어가지 않았다. 반면에 설비투자와 R&D 투자를 지속하면서 치킨게임 중인 안드로이드 진영은 속빈 강정이었다.

애플은 2022년 4분기 매출 149조라는 사상 최대 실적을 기록했고, 영업이익률도 무려 30.9%에 이른다. 만약 애플이 설비투자를 병행하였다면 이룰 수 없는 숫자다. 이런 막대한 영업이익을 바탕으로 애플은 자사주 소각과 주주배당으로 주가를 올리고 있다.

그러나 테슬라는 상하이 기가팩토리를 비롯해서 세계 각지에 설비투자를 늘리고 있다. 따라서 테슬라가 애플처럼 막대한 영업이익률을 거두기는 불가능에 가깝다.

애플이 설비투자를 하지 않고 막대한 수익을 거둔 배경은 바로 애플이라는 브랜드 파워에서 비롯되었다. 애플은 설비투자로 규모의 경제를 이뤄 시장점유율을 늘리는 대신 시장점유율을 포기하고 순이익을 거두는 전략을 썼다.

그러나 이런 전략은 브랜드 가치가 애플처럼 막강한 기업만 채택 가능하다. 치킨게임으로 순이익을 갈아넣으면 개미지옥으로 빠질 뿐이다.

애플은 스마트폰뿐 아니라 앞으로도 외연을 확장하겠지만 그렇다고 설비투자를 직접 하지는 않을 것이다. 현재처럼 공장은 남에게 맡기는 구조다. 애플은 향후에도 자본이 잠기는 설비투자는 남에게 맡기고 자신은 막강한 브랜드 파워를 내세워 애플 마니아를 끌어들이고 그로 인해 늘어나는 막대한 이익을 주주환원에 쓸 것으로 보인다.

⭐ 결론

테슬라가 상대방을 압도해 시장점유율이 오르면서 규모의 경제를 이뤄 순이익까지 늘어난다면 주가 상승에 대한 희망이 있다. 그러나 치킨게임이 길어지며 상대방을 압도하지 못하고 설비투자 지옥에 빠진다면 최악의 시나리오가 될 수도 있다. '테슬라는 얼마까지 간다더라' 하는 말을 맹신해 사놓고 잊어버리는 투자를 했다가는 큰 낭패를 볼 수도 있다. 만약 테슬라에 투자할 예정이라면 시장의 판도를 면밀히 관찰해야 한다.

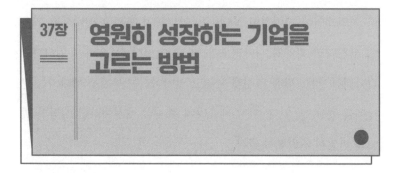

37장

영원히 성장하는 기업을 고르는 방법

"잘 쓴 과제, 알고보니 챗GPT가" … 미 교육 현장의 고민

지난 16일(현지시간) 뉴욕타임스에 따르면 미국 노던미시건대학에서 철학을 가르치는 앤터니 우만 교수는 지난달 '세계종교' 강의 과제물로 제출된 에세이를 채점하던 중 씁쓸한 발견을 했다. 풍부한 사례와 빈틈없는 논증으로 좋은 인상을 준 에세이가 표절인 것으로 드러났기 때문이다. 면담 결과 에세이를 제출한 학생은 인공지능(AI) 챗봇 '챗GPT'를 사용했다고 털어놨다.

_ 2023년 1월 21일자 경향신문

챗GPT가 쓴 에세이를 과제로 제출했다가 표절로 드러났다는 기사다. 인공지능이 그동안 사람의 영역으로 불리던 에세이까지 잠식했다. 이번 일로 구글은 타격을 받게 되었다. 챗GPT의 실력이 늘면 늘수록 굳이 구글 검색을 이용할 필요가 없기 때문이다.

기업은 갑자기 발생한 일로 순식간에 무너진다. 애플의 스마트폰 개발로 세계 제1의 피처폰 기업인 노키아가 무너졌던 것처럼 말이다.

최고의 경영학자인 피터 드러커는 기업의 궁극적인 목표를 무엇이라 했을까? 주가가 아닌 영속성을 확보하는 것이라 했다. 대부분의 사람들은 기업의 목표는 주가를 올리는 데 있다고 생각할 것이다. 그러나 사실은 회사의 영원한 존속이 궁극적 목표다. 주가가 오르는 것은 영속성을 유지하고 있다는 증거나 결과에 불과하다. 반대로 주가가 떨어진다면 조만간 기업이 위험에 처하거나 망할 것이라는 증거나 결과이다.

영원히 불이 꺼지지 않는 기업의 특징

기업이 영속성을 확보하려면 고객과 시장을 끊임없이 창조하고 유지해야 한다. 즉 1등이라고 그 자리에 머물다가는 고객과 시장이 떠나면서 역사 속으로 사라져버릴 수도 있다.

기업이 시장을 끊임없이 창조하고 유지하려면 새로운 제품을 만들어 냈을 때 그 제품을 고객이 기꺼이 사줘야 한다. 서울대학교 윤석철 교수는 '기업의 생존 부등식'을 제시했다.

- 첫 번째 조건: 가치가 가격보다 높아야 한다.
- 두 번째 조건: 가격이 원가보다 높아야 한다.

이를 부등식으로 나타내면 이렇다.

*기업의 생존 부등식: 가치〉가격〉원가

두 번째 조건인 '가격〉원가'는 당연한 말이다. 일시적으로 세일을 할 수는 있지만 적자를 감수하며 영원히 싸게 팔 수는 없는 노릇이다. 제품의 가격이 원가보다 낮을 때는 치킨게임처럼 규모의 경제를 이룬 1등 기업이 후발주자를 죽이려고 원가를 낮출 때뿐으로 매우 특별한 상황이다.

핵심 조건은 첫 번째인 '가치〉가격'이다.

그러나 가치가 가격을 앞서는 일은 현실에서는 좀처럼 일어나지 않는다. 왜냐하면 기업은 원가에 마진을 붙여야 하기 때문이다. 그런데 대부분의 소비자는 자신이 지불한 가격보다 판매자가 밑지고 판다고 생각할 때 가치를 높이 준다. 이해를 돕기 위해 다음 이야기를 보자.

어느 설렁탕 집의 주방장이 주인을 미워했다. 그래서 망해버리라고 설렁탕에 고기를 말도 안 되게 듬뿍 넣어주었다. 그러나 주방장의 바람과는 반대로 손님들은 그 집을 더 찾게 되었고, 결국 주방장이 미워하는 주인은 부자가 되었다.

이러한 상황이 바로 고객의 입장에서 가치가 가격을 앞서는 때다. 즉 말도 안 되게 싼 상황이다.

이와 비슷한 전략을 취하는 기업이 코스트코다. 코스트코는 영업이익률이 15%를 넘지 않는다. 매장이 있는 대부분의 마트가 25~35%, 백화점이 30~40%의 영업이익률을 거둔다. 15%는 매장이 없는 온라인 쇼핑몰에서나 가능한 일이다.

"15%의 마진율은 우리도 돈을 벌고 고객도 만족하는 적당한 기준이다. 그 이상 이익을 남기면 기업의 규율이 사라지고 탐욕을 추구하게 된다. 나아가 고객들이 떠나고 기업은 낙오한다." 코스트코의 창업자 짐 시네갈의 말이다.

고객들이 매장을 나서면서 '저렇게 다 퍼주면 곧 망하지'라고 생각하고, 재방문한다면 바로 코스트코의 전략이 통한 것이다.

그렇다면 '가치〉가격'을 앞서는 전략이 과연 싼 가격 정책뿐일까? 그렇지 않다. 사람의 감성을 흔들면 '가치〉가격'이 성립한다. 대표적인 것이 연예인 굿즈다. 팬심으로 사게 하는 것, 그것이 바로 브랜드 전략이며 애플이 잘하는 일이기도 하다.

스타벅스 커피숍에서 애플의 맥북을 펼칠 때, 애플 마크가 덮개와 함께 떠오르는 장면을 상상해 보라. 간지가 난다. 애플은 전자제품의 유일한 명품이다. 애플이 박힌 제품을 사려고 소비자들은 더 비싼 가격도 기꺼이 지불한다. 그만큼 감성적으로 사고 싶다는 열망이

들게 한다. 고객의 마음은 가격을 앞선다.

그렇다면 2, 3등은 어떤 전략을 취할까? 브랜드를 앞설 수 없으니 더 좋고 새로운 기술을 강조한다. 삼성전자는 브랜드로 애플의 스마트폰을 앞설 수 없으니 새로운 기능을 끊임없이 추가한다. 중국의 스마트폰도 마찬가지다. 더 많은 돈을 들여 더 싸게 팔면서 더 좋은 스펙과 속도가 빠르다고 광고한다.

그러나 기술을 강조할수록 원가는 더 많이 들고 영업이익률은 떨어진다. 더 좋은 스펙의 제품이 들어가니 더 빠르기는 하겠지만 소재가 비싸져 팔아도 남는 것이 없다. 한때 화웨이는 4개의 AP를 씀으로써 훨씬 빨랐지만 빠르기만 할 뿐 스마트폰을 쓰면서 충성도를 높이는 데에는 실패했다.

더 고스펙의 제품이 나온다면 고객은 바로 그 제품으로 움직인다. 이렇게 기술경쟁에 목숨을 거는 이유는 죽었다 깨어나도 브랜드로 애플을 앞설 수 없기 때문이다.

펩시가 코카콜라에 밀리자 블라인드 테스트를 통해 자신의 제품 맛이 더 좋다고 강조하는 것도 마찬가지다. 그러나 안대를 벗는 순간 소비자들은 코카콜라를 선택한다.

부자들은 가격 대비 성능비가 좋은 현대의 제네시스보다는 메르세데스 벤츠를 선택한다. 승차감보다는 하차감이 더 중요하기 때문이다. 차에서 내리는 자신을 떠받쳐줄 제품을 선호한다.

그러나 고객의 충성도는 영원하지 않다. 가치가 가격을 앞서는 제품을 만들었어도 피터 드러커의 말처럼 새로운 고객과 제품을 끊임없이 창조하고 유지하지 못한다면 고객은 떠나고 기업은 망한다.

왜냐하면 기존 시장은 포화되어 성장하지 못하는데 새로운 상품이 기존 시장을 파괴하기 때문이다. 워크맨의 소니는 한때 워너비였지만 지금은 애플과 삼성전자에게 밀려 가전시장에서 거의 철수했다. 따라서 끊임없는 새로운 시장과 고객의 발굴은 기업의 영속성에 필수이다.

그러나 새로운 성장시장과 고객의 발굴은 쉽지 않다. 새로운 시장을 개척하는 데 꽤 많은 돈과 시간이 들기 때문이다. 새로운 시장에 자본을 투자하고 성장이 충분히 일어날 때까지 시간을 벌려면 기존 시장에서 자금을 조달해야 한다. 시간이 있을 때 기존의 인력과 자금으로 충분한 시간을 두고 신제품을 개발해 새로운 시장으로 옮겨가면 기업은 영속성을 확보할 수 있다.

영속 가능한 기업을 찾는 법

우리는 투자자지 기업가가 아니다. 영속성은 기업인이 고민해야 할 문제다. 브랜드 파워가 강력해서 기존의 시장에서 가장 많은 영업이익을 거두고 그것을 바탕으로 새로운 시장으로 옮겨가는 기업은 바로 시장이 정해준다.

즉 기업의 영속성은 시가총액 순위에서 나온다. 기업의 영속성은 실시간 주가로 확인된다. 따라서 머리 쓸 필요 없이 세계 시가총액 1등에 투자하면 된다.

우리는 시장의 판단을 믿으면 된다. 시장이 틀렸다고 아무리 우겨봐야 시장이 옳다고 판단한 대로 주가가 오르기 때문에 시장이 항상 옳다. 투자자에게 기업이란 냉철한 가슴과 매의 눈으로 끊임없는 검증과 의심을 해야 하는 대상일 뿐이다.

기업과 사랑에 빠지지 말자. 주가가 떨어져 순위마저 밀리면 결국 믿었던 기업이 내 발등을 찍을 뿐이다. 실패한 기업에 투자하면 한 번 사는 내 인생은 '이생망'이다. 소비자가 열광하는 기업을 고르는 것이 투자의 핵심이다.

⭐ 결론

피터 드러커의 말처럼 주가는 기업이 영속하고 있다는 증거이고 결과이다. 따라서 투자자는 시총 순위만 보고 투자하면 된다. 얼마나 간단하고 명료한가? 내가 아무리 아니라고 항변해도 시장이 그렇다고 하면 그런 것이다.

갑자기 불어온 챗GPT 열풍

갑자기 챗GPT가 뜨겁다. 세상에 나온 지 얼마 되지도 않았는데 가입자가 1,000만 명을 넘었다(2023년 1월 31일 현재).

　마이크로소프트는 '챗GPT'의 개발사인 오픈AI에 수 년간에 걸쳐 100억 달러를 투자한다고 했다. 챗GPT에 과감한 투자를 하는 배경은 예상보다 성능이 뛰어나기 때문이다.

전문직 위협하는 챗GPT … 美의사면허 · 로스쿨 시험도 통과

미국 펜실베이니아대 와튼스쿨 맥 혁신경영연구소의 크리스천 터비시 교수는 지난 17일(현지시간) '챗GPT가 와튼 MBA(경영학 석사)를 수료할 수 있을까'라는 제목의 논문을 발표했다. 챗GPT는 와튼스쿨 MBA의 필수 교과목인 '운영관리' 기말시험에 응시했고, 학점은 'B−'에서 'B' 사이를 받았다. 웬만한 학생 수준의 우수한 점수다. 터비시 교수는 "챗GPT는 설명력이 특히 뛰어났고 사람이 정답에 대한 힌트를 주면 이를 수정하는 것도 탁월했다"고 설명했다.

_ 2023년 1월 26일자 매일경제

챗GPT가 MBA에서 B학점을 받았다. 미국의 미네소타 로스쿨도 C+를 받았으며 의사면허시험인 USMLE도 통과했다. 기존의 인공지능과 클라스가 다른 차이다.

여기서 우리가 주목해야 할 지점은 챗GPT가 전문직을 위협한다거나 교육현장에 생길 혼란이 아니다. 전문직에게 챗GPT는 보조도구이지 직업을 위협할 정도는 아닐 것이다. 인공지능이 의사의 수술을 대신할 수는 없는 노릇이다. 교육현장에서도 우리나라처럼 전자기기를 빼고 맨몸으로 연필만 들고 시험을 보면 된다. 그러면 전혀 관계가 없다.

그렇다면 우리가 주목해야 할 지점은 무엇일까?

챗GPT 등장으로 가장 급해진 곳은 구글이다. 인공지능 검색으로 우리는 일일이 검색한 것을 찾아 볼 필요가 없다. 몇 가지 검색만 하면 완벽한 문장으로 답을 찾아준다. 어벤져스에서 아이언맨의 자비스처럼 말이다.

구글이 얼마나 급했으면 코드레드를 발령했고 구글의 CEO인 순다 피차이는 세르게이 브린, 래리 페이지 등 창업자들에게 도움을 요청했다. 돌아가는 상황으로 보건데 마이크로소프트뿐 아니라 구글도 AI에 엄청난 규모의 투자를 할 것이다.

구글이 이런 투자를 감행하는 이유는, 그들의 가장 큰 수입원이 검색광고이기 때문이다. 만약 마이크로소프트가 챗GPT로 검색을 가져간다면 구글로써는 애플이 페이스북에 개인정보동의를 받은 것처럼 큰 타격을 받을 수 있고, 치명타를 입고 주가가 크게 폭락할 수도 있다.

구글과 달리 단기적인 수혜를 받을 곳은 바로 반도체 분야다. 인공지능 AI는 엄청난 데이터를 기반으로 하기 때문에 데이터센터 투자가 필수다. 따라서 엔비디아를 비롯한 반도체 기업이 수혜를 받을 것이고, 그로 인해 ASML을 비롯한 반도체 장비회사도 수혜를 받을 것으로 보인다. 하지만 이는 어디까지나 단기적인 효과다.

주가 측면에서 본다면 2023년 초 AI 열풍을 타고 엔비디아 주가는 사상 최고가를 갈아치웠다. 이후 시장의 우려를 비웃기라도 하듯 끊임없이 올라 2024년 3월 현재 900달러를 넘겼다. 엔비디아뿐만 아니라 주요 빅테크 기업들이 AI 열풍의 수혜를 입어 독야청정 2023년 주가 상승을 주도했다.

챗GPT의 장기적 효과

챗GPT가 가져올 장기적인 효과를 살펴보자. 만약 마이크로소프트의 챗GPT가 현실판 자비스가 된다면 어떻게 될까? 일단 구글의 검색시장을 대체할 것이다. 텍스트뿐 아니라 음성검색 시장으로도 바로 갈 수 있다. 따라서 마이크로소프트는 인공지능 기반의 구글홈, 아마존 에코와 같은 음성기반 AI 스피커를 만들 것으로 보인다. 여기에 구글홈이나 아마존 에코가 꿈꾸던 홈네트워크(집안에서 모든 전자기기가 연결되는 시스템)와 차량용 네트워크를 연결하려고 할 것이다.

운전중에는 음성으로 스포티파이와 연결해 음악을 들을 수 있고 내비게이션 검색도 할 것이다. 여기에 마이크로소프트의 음성비서인 코타나가 쓰일 것으로 보인다. 물론 기본적으로 음성을 잘 알아들어야 하겠지만 챗GPT가 자비스처럼 똑똑하다면 현재의 음성비서보다 역할이 훨씬 커질 것이다.

아마존이 손실을 감수하면서 아마존 에코를 만들었던 이유는 바로 음성비서의 하드웨어를 장악하면 허브를 장악할 수 있기 때문이다. 음성비서의 하드웨어는 화면과 달리 '선택의 순서'를 장악할 수 있다. '선택의 순서'를 장악한다는 뜻은 하드웨어를 가진 자가 누구를 먼저 말할지 순서를 정하는 것을 말한다.

예를 들어 음성비서로 차량호출을 한다. 이때 우버를 부를지 리프트를 부를지는 음성비서가 정한다. 결국 음성비서에 더 많은 광고비를 줘야 하는 쪽은 우버나 리프트와 같은 차량 호출앱이 된다. 특정 업체를 얘기하지 않는 한 선택권은 음성비서에게 있기 때문이다.

특히 아마존 에코는 쇼핑에 강하다. 화장지 하나를 살 때도 선택은 음성비서의 몫이다. 즉 음성비서를 가진 자가 쇼핑몰 업체를 죽이고 살릴 수 있다는 뜻이다. 스크린과 달리 음성은 선택지가 2~3개밖에 되지 않을 것으로 보인다.

심지어 음성비서 허브를 가진 기업은 쇼핑몰을 차릴 수도 있을 것이다. 영상이나 음악이야 OTT나 스트리밍업체를 연결하는 역할에 그치지만 쇼핑은 다르다. 소규모로 시작하거나 인수합병을 통해 쇼핑몰을 직접 가져갈 수도 있다. 혹은 네이버 쇼핑처럼 소규모 쇼핑몰이 입점해 있는 오픈 쇼핑몰을 만들 수도 있을 것이다.

이러면 아마존도 음성비서 때문에 심각한 타격을 입을 수 있다. 굳이 음성비서 하드웨어를 만들 필요가 없고, 기존 스마트폰과 같은 하드웨어를 이용하면 된다.

앞으로 자율주행차 시대가 온다면 자율주행차에는 엔포테인먼트 시스템이 깔린다. 자율주행이 된다면 이동중에 영화나 음악 등을 보거나 들을 수 있다. 이때도 어떤 플랫폼을 통해 들을 것인지는 음성비서가 정할 것이다.

이처럼 음성비서의 허브를 가진다는 것은 모든 앱들의 순서에서 통제권을 가진다는 의미다. 특히 모호한 것들, 예를 들어 특정 영화 제목이 아닌 재미있는 영화, 신나는 음악과 같은 상황에서 말이다.

구글은 검색엔진을 iOS에 기본탑재하는 조건으로 애플에 천문학적인 금액을 지급하고 있다. 인공지능 음성비서가 보편화된다면 허브가 되는 음성비서는 광고비로 천문학적인 돈을 벌 수도 있다. 구글의 광고비도 빼앗아 올 수 있고 아마존의 쇼핑도 가져올 수 있다. 이것만으로도 마이크로소프트는 시가총액 세계 1등을 굳힐 수 있다.

여기서 투자자인 우리는 어떻게 대처하는 게 좋을까? 정말로 챗 GPT가 대단하다면 현재 시가총액 1위인 마이크로소프트의 주가는 계속해서 우상향 곡선을 그릴 것이다. 그러나 챗GPT도 아마존 에코나 구글홈 정도 수준이라면 주가에 영향을 미치지 못할 것이다. 우리는 진행되는 상황을 보고 있다가 결과가 달라지면 그에 맞게 대응만 하면 된다. 미리 예측하여 서둘러 옮기거나, 가능성이 없다고 단정할 이유도 없다.

⭐ 결론

세상의 흐름을 따라가는 머리는 시장이 쓰고, 우리는 그 시장이 가르쳐주는 기업에 투자만 하면 된다. 시장은 항상 옳다. 시장에서 누가 승자가 되고 패자가 될 것인가는 언제나 흥미로운 관전 포인트를 제공한다. 우리는 시장이 추는 춤에 넋이 나가 관전에만 몰두하면 안 된다. '그래서 누가 이겼는데?'라는 물음에 대응해야 한다. 누군가가 이겨서 새로운 승자가 되고, 새로운 1등으로 부상한다면 기존 1등에 대한 미련을 버리고 새로운 1등을 환영하면 된다. 이런 변화의 시기에 기존 1등을 버리지 못하고 머뭇거렸다가는 재테크 인생도 삐걱하며 흔들릴 수 있다.

아무리 생각해도
행복하게 사는 것이 남는 장사

뼈 때리는
팩폭

서양에서의 삶은 단 한 번이다. 그래서 생을 망치면 만회할 수 없다. 그러나 동양의 관점에서 삶은 끊임 없는 윤회의 과정을 거친다. 이번 생을 망치면 다음 생에서 성공하면 된다. 다음 생을 잘 살고 또 다음 생을 잘 살아 언젠가 생을 완성할 수 있다. 그러면 다시 환생하지 않고 열반에 이르게 된다.

이처럼 서양과 동양은 생을 바라보는 관점이 다르다. 서양은 살아 있는 동안 잘 살아야 하는 것이 지상과제이며, 실패란 용납할 수 없다. 반면 동양은 다음 생에서 잘 살면 된다.

기독교적인 세계관에서 사람은 한 번 살고 죽고 땅에 묻힌다. 그리고 한 번 살았을 때의 선악을 구별하여 예수가 재림했을 때 심판을 받아 관뚜껑이 열리면서 혼백이 하늘로 올라가게 된다. 죽기 전 인간이 행한 행위를 놓고 심판이 일어나는데 만약 잘했다면 신의 곁으로 가지만 못했다면 지옥불로 떨어진다. 따라서 살아 있는 동안 기독교적인 삶에 충실해야 한다.

미국이라는 나라가 언뜻 보기에는 자유분방하고 막 사는 것 같지만 절대 그렇지 않다. 청교도적인 삶은 절제가 있는 금욕적인 삶이다. 천국에 가기 위해 단 한 번의 생에서 최선을 다한다.

영생은 어떤가? 서양은 영생을 걸고 이번 생에 단판 싸움을 해야 한다. 그러나 동양은 윤회라는 길고도 지루한 게임을 한다.

행복이라는 문제를 봐도 그렇다. 서양은 한 번 살기 때문에 이번 생에서 행복하게 살아야 한다. 그러나 동양은 다음 생에 잘 살면 되기 때문에 행복을 미룬다. 서양에서의 행복은 살아생전 완성되지만, 동양에서는 죽어야 완성된다.

많은 행복론들이 '현재를 즐기라'고 말한다. 이는 삶을 바라보는 서양의 태도와 일치한다. 그런 면에서 행복에 대한 서양의 태도는 비관적이고 현실적이고, 동양의 태도는 낙관적이고 진보적이다.

각 개인의 성격에 따라 행복에 대한 태도는 달라진다. 비관적이고 현실적이라면 현재의 행복을 즐겨야 한다. 다음 생은 없기 때문에 행복을 미룰 수 없다. 반면 낙관적이고 윤회를 믿는다면 이번 생이 행복하지 않다면 다음 생을 노리면 된다. 비록 이번 생은 가난하더라도 실망하지 않는다. 다음 생에 부자로 태어나면 되니 말이다.

사람은 과거는 보수적이고 미래는 진보적이다. 과거는 항상 아름

답다 생각하고 미래는 더 나아질 것이라 생각하기 때문이다. 그러나 현실은 과거는 찢어지게 가난했고 앞으로도 나아질 기미가 없다.

나는 비관적이고 현실적이다. 내가 보는 관점은 과거도 보수적이고 미래도 보수적이다. 게다가 의심이 많은 유물론자다. 윤회는 없을 수도 있으니 다음 생으로 행복을 미루는 것은 아니라고 본다. 만약 윤회가 있다면 다시 태어났을 때 잘하면 된다.

⭐ 결론

아무리 생각해도 살아 있을 때 최대한 행복하게 사는 것이 남는 장사라 생각한다. 살아 있을 때 행복하게 지내자.

부자가 되는 가장 빠른 지름길은?

'장기투자를 해야 부자가 된다.' 서민의 종잣돈은 그 자체가 작기 때문에 큰돈으로 불리려면 장기투자 말고는 답이 없다. 종잣돈을 모으고 투자해서 최소한 100배로는 불려야 부자명함을 내밀 수 있다. 부자는 종잣돈 1억을 100배로 불리는 과정이다.

돈이 없다고 코인처럼 변동성 높은 곳에 투자를 하다가는 대부분 한 방에 퇴출된다. 주식은 정화수를 떠놓고 하늘에 비는 로또가 아니다. 믿을 수 없는 일이 일어나 소액의 내 자산이 단기간에 수십 수백 배가 되는 도박은 더더욱 아니다.

금액이 적으면 주식을 분산할 수도 없다. 대부분 개미가 부자가 된 경우는 10년에서 20년 장기간 한 곳에 올인했을 때다. 분산해서 부자가 된 경우는 세상에 없다. 분산투자를 하면 시장수익률을 상회할 수 없기 때문이다. 어느 한 과목에서 100점을 맞아도 다른 특정 과목에서 20점을 받고, 나머지 과목에서 6,70점을 받는다면 평균은 6,70점을 넘을 수 없는 이치와 같다.

예를 들어 당신이 택해 분산한 종목 10개 혹은 100개가 S&P500을 이길 수 있을 것이라 생각하는가? 그리고 S&P500이나 나스닥 100처럼 지속적으로 집어넣고 빼고를 판단할 수 있을 것이라 생각하는가? 상식적으로 불가능하다. 개미는 시간도 없고 정보도 없고 결정적으로 그럴 머리도 안 된다. 하나의 주식으로 투자해 부자가

표_애플 VS 나스닥 VS S&P500 수익률 비교표

연도	애플	나스닥	S&P500
2012년	31.60%	15.90%	13.44%
2013년	9.39%	33.16%	26.53%
2014년	34.28%	13.49%	11.41%
2015년	−1.18%	6.93%	0.46%
2016년	12.53%	8.56%	9.97%
2017년	39.52%	25.43%	17.91%
2018년	−2.94%	−1.81%	−4.97%
2019년	65.59%	31.40%	26.16%
2020년	70.20%	42.63%	21.00%
2021년	32.32%	21.11%	24.72%
2022년	−24.87%	−35.10%	−18.63%
총수익률	266.44%	161.70%	128.00%
연평균 수익률	24.22%	14.70%	11.64%

반복되는 상승과 하락 사이에서 **지속적으로 기회 잡는 법**

될 수 있는 길은 이미 지도(Map)가 나와 있다.

애플, 나스닥, S&P500의 최근 11년간 비교이다. 애플은 나스닥과 S&P500에 비해 3개년 간만 뒤졌고 8년 간은 아웃퍼폼했다. 지수와 지수와의 싸움에서 세계 1등은 분명히 시장을 이기고 있다. 한 해 시장을 이길 수는 있지만 한 종목에 올인해서 시장을 꾸준하고도 확실히 이기는 것은 세계 1등이 유일하다. 그러니 세계 1등에 올인하는 전략이 가장 확실히 부자가 되는 길이다.

핵심은 연평균 수익률이다. S&P500은 지난 1928년부터 2022년까지 연간 수익률로 봤을 때 7.81% 성장했다. 2010년부터 2022년까지 수익률은 11.79%로 가장 높다. 그러나 애플의 2012년~2022년 사이 수익률은 25%에 가깝다.

표_S&P500의 연평균 수익률

• 1928년부터 2022년 현재까지의 평균 수익률은 7.81%
• 1930년부터 2022년 현재까지의 평균 수익률은 7.70%
• 1940년부터 2022년 현재까지의 평균 수익률은 8.62%
• 1950년부터 2022년 현재까지의 평균 수익률은 9.24%
• 1960년부터 2022년 현재까지의 평균 수익률은 8.33%
• 1970년부터 2022년 현재까지의 평균 수익률은 8.99%
• 1980년부터 2022년 현재까지의 평균 수익률은 10.24%
• 1990년부터 2022년 현재까지의 평균 수익률은 9.34%
• 2000년부터 2022년 현재까지의 평균 수익률은 6.39%
• 2010년부터 2022년 현재까지의 평균 수익률은 11.79%

그림4 그래프를 보자. 세계 1등이 매년 25%씩 성장한다면 21년 후에 100배가 된다. S&P500이 매년 11% 성장한다고 치더라도 100배가 되려면 무려 50년이 걸린다. 매년 15%씩 성장하는 나스닥도 무려 35년이 걸린다. 물론 100배가 된다면야 긴 시간이 아니긴 하지만 말이다.

따라서 세계 1등에 1억 원을 올인하고 매년 25%씩 성장을 기다리면 21년 후 100억대 부자가 된다. 그 무엇도 따라올 수 없는 가장 빠른 부자 되기 프로젝트다. 애플의 평균 수익률 25%에 매뉴얼까지 적용하면 결과는 어떻게 될까? 세월을 앞당길 수 있다.

그림4_100배 되는 데 걸리는 수익률과 시간의 관계

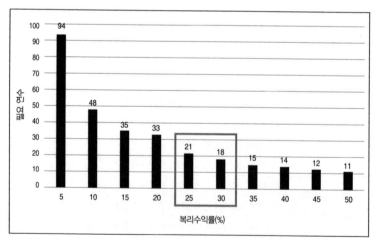

반복되는 상승과 하락 사이에서 **지속적으로 기회 잡는 법**

지름길에 매뉴얼이라는 치트키까지 사용한다면?

이미 지름길로 판명된 세계 1등 투자에 매뉴얼까지 적용하면 결과는 또 달라진다. 매뉴얼을 적용하면 거의 매년 애플 매뉴얼은 애플 존버의 평단가를 앞섰다. 평균 11.84% 앞선 결과치가 나왔다. 따라서 매뉴얼을 적용했다면 매년 35% 이상의 수익률을 거뒀을 것으로 예상된다. 100배가 되는 기간도 21년에서 15년으로 줄어든다. 처음에는 작은 걸음으로 시작했지만 키가 커지면서 자동으로 큰 걸음으로 바뀌고, 도착하는 속도가 기하급수적으로 빨라진다.

물론 세계 1등이 앞으로도 매년 25%씩 성장한다는 보장은 없다.

표_애플 존버 VS 매뉴얼 평단가

	애플 존버 평단가	애플 매뉴얼 평단가	차이
2008년 금융위기	77.32	67.52	12.68%
2010년 4월 위기	66.47	61.27	7.82%
2011년 미국 신용등급 위기	81.46	74.32	8.77%
2015년 8월 위기	33.02	26.96	18.34%
2015년 11월 위기	29.19	26.50	9.20%
2018년 10월 금리인상 위기	56.07	43.79	21.90%
2020년 3월 코로나 위기	79.75	66.52	16.59%
2021년 1월 리오프닝 위기	137.09	126.33	7.85%
2022년 인플레이션 위기 1월	174.92	168.64	3.59%
2022년 인플레이션 위기 3월	174.31	153.96	11.68%
총 수익률			118.42%
평균 수익률			11.84%

그러나 대안이 있는 것도 아니다. 분산투자도 답이 아니고, 지수투자도 답이 아니다. 단타는 더더욱 아니다.

초창기부터 아마존에 투자했다면 5,000배가 올랐다 그렇지만 아마존에 1억을 넣을 수 있었을까? 결과를 놓고 '그랬더라면' 하고 후회해봐야 아무 일도 일어나지 않는다. 지금이라도 아마존처럼 오를 기업을 알고 있다면 거기에 투자하면 된다.

개별종목 투자에서 오를 때는 룰루랄라 좋다. 문제는 떨어질 때다. 언제까지 떨어질지, 상장폐지가 되는 건 아닌지 근문적인 의문부터 생긴다.

이처럼 불안이 엄습하는 이유는, 우리의 투자 시점이 현재이기 때문이다. 투자의 성과는 미래에 얻어진다. 미래를 가보지 않는 한 어떤 주식이 아마존처럼 오를지 아니면 망할지 알 수 없다. 한 종목에 올인해서 100배는 커녕 상폐라도 된다면 또는 90% 떨어져 바닥을 긴다면 부자의 꿈도 함께 날아간다.

따라서 상폐되거나 90% 떨어질 종목은 손절을 해야 한다. 그러나 주가가 떨어지고 있는 이 시점이 잠시 떨어진 것인지 아니면 영원히 나락으로 가고 있는지 현재의 시점에서는 도저히 알 수 없다. 그것이 개별 주식에 투자할 때 생기는 근본적인 불안이다.

미래만 알 수 있다면 이렇게 대응하면 된다. 잠시 떨어졌다면 싸게 살 기회가 되니 모아가면 되고 상장폐지 되거나 크게 떨어진다면

반복되는 상승과 하락 사이에서 **지속적으로 기회 잡는 법**

손절해야 한다.

이와 같은 근본적인 불안을 해결할 방법은 당연히 있다. 이미 예상이 되고도 남겠지만, 세계 1등에 투자하면 된다. 세계 1등은 기준이 명확하다. 기준은 주가와 순위다. 주가가 단순히 떨어졌다면 모아가면 되고 순위가 2위로 밀리면 손절하면 된다. 세계 1등은 망하지 않는다는 전제가 있기 때문에 가능한 대응법이다.

이처럼 세계 1등주 투자는 주가와 순위라는 2중 안전장치를 걸어놓는다. 주가가 떨어지면 주식을 모아 부자가 될 발판을 만든다. 모아가다 주가가 오르면 부자가 된다. 1등을 유지하고 있다면 망할 염려는 없다. 순위가 2등으로 밀리면 손절이다.

아직도 개별주식으로 부자가 되는 꿈을 꾸고 있는가? 잘만 고르면 세계 1등보다 낫다고 판단하는가? 물론 당신에게 그런 일이 일어나기를 바란다. 단기간에 세계 1등의 수익률을 앞서는 종목은 시장에 많기 때문이다.

하지만 작은 확률에 인생을 걸고 싶지 않다면 이 책에서 입이 닳도록 강조하고 또 강조한 투자법을 당신의 투자에도 적용하기 바란다. 수없이 강조하고, 근거를 대며 반복 또 반복한 나의 마음을 당신이 가져가기 바란다.

⭐ 결론

자료로 근거를 제시했고, 실전에서의 성과로 수없이 증명했다. 선택은 당신의 몫이다. 이전과는 다른 새로운 투자세계가 열리길 기원한다. 그리고 매뉴얼을 이미 알고 있었다면 이 책을 계기로 이번부터는 실행 버튼을 누르기 바란다.

트럼프 "재집권시 중국에 60% 관세? 아니다. 그 이상일 수도"

미국 공화당 유력 대선주자인 도널드 트럼프 전 대통령이 백악관에 재입성

할 경우 중국에 60% 넘는 초고율 관세를 부과할 수 있음을 직접 언급했다.

_2024년 2월 5일자 연합뉴스

공화당 대선주자인 도널드 트럼프 전 대통령이 중국에 60%가 넘는
초고율 관세를 부과할 수 있다고 언급했다. 어떤 의미인가?

1648년 베스트팔렌조약으로 우리가 알고 있는 국민국가가 탄생
했다. 그 전까지는 합스부르크 왕가와 같이 여러 개의 나라를 한 왕
가가 지배하는 체제였다. 합스부르크 왕가는 한때 오스트리아, 독
일왕, 신성로마제국 황제, 스페인, 포르투갈 왕의 왕가로 유럽 최대
의 왕실 가문이었다. 그러나 국민국가의 탄생 이후 왕가의 지배는

끝나고 각자 자국의 이익을 위해 전쟁을 벌인다. 대표적으로 두 번의 세계대전이다.

국민국가 탄생의 기원을 보면, 프랑스 혁명 이후 프랑스의 국민군이 왕가의 용병보다 애국심이 강했다. 애국심이 강한 군대가 전쟁에서 이길 수밖에 없다. 용병은 프로지만 죽기를 각오하고 덤비는 국민군을 이길 수 없다. 프랑스의 나폴레옹은 뛰어난 포병술과 애국심 강한 국민군을 이용해 유럽을 제패했다. 그러자 유럽의 모든 나라들은 입헌군주제 또는 공화제를 택하며 국민국가가 되었다.

국민국가를 무너뜨린 것은 '글로벌 자본주의'다. 글로벌 기업은 국가에 얽매이지 않는다. 그들은 돈이 있다면 세계 어디든 간다. 게다가 돈을 아끼는 일이라면 심지어 국가를 버리기도 한다. 예를 들어 법인세가 없는 케이맨 제도와 같은 텍스프리 국가로 본사를 옮겨 놓기도 한다. 돈 앞에서는 피도 눈물도 없는 것이 바로 글로벌 기업이다.

글로벌 기업의 주주도 한 국가의 국민이 아니다. 마이크로소프트와 같은 글로벌 기업의 주주는 전세계 시민이다. 글로벌 기업은 주주의 이익이 최선이다. 자국민의 일자리 창출이나 지역사회 지원, 국익 등은 안중에도 없다. 만약 잉여자금이 있다면 주주에게 배당한다.

글로벌 기업의 CEO는 대부분 전문경영인이다. 메타의 저커버그와 같이 창업자가 기업을 이끌기도 하지만 마이크로소프트의 사티아 나델라, 애플의 팀 쿡, 구글의 순다르 피차이 등과 같이 글로벌 기업의 CEO는 대부분 전문경영인 체제다.

글로벌 기업의 전문경영인은 장기적인 비전보다는 단기적인 성과에 치우친다. 예를 들어 잉여자금을 주주 배당으로 돌리거나 심지어 빚을 내서 자사주 매입, 소각을 해 주주의 이익을 극대화 한다. 전문경영인은 주가가 올라야 자신이 오랫동안 높은 연봉을 받으면서 CEO 자리를 유지할 수 있기 때문이다.

그런 면에서 창업주가 경영까지 하는 대부분의 우리나라 기업들은 글로벌 기업과 반대의 행동을 한다. 우선 주가 상승을 싫어한다. 상속세 부담 때문이다. 주가가 오르면 60%에 달하는 약탈적 상속세를 내야 하고 자식 대에 가서 세금 때문에 경영권을 빼앗길 수도 있다. 그러니 국내 기업에 투자하는 행위는 오르지 않을 주식에 투자하는 어리석은 짓이라 할 수 있다.

주주 이익을 최우선으로 하는 미국 기업과 오너의 사익을 최우선으로 하는 한국 기업 중 어떤 기업의 주가가 더 오를까? 최대한 주가를 올리려고 발버둥치는 오너와 주가를 최대한 내리려고 악을 쓰는 오너 중 어떤 기업의 주가가 더 오르겠느냐는 말이다. 초등학생도 알 수 있는 상식이다. 게다가 미국 기업이 한국 기업보다 훨씬 혁신적인데 무슨 말을 더 하겠는가?

그런데도 미국에 투자하면 세금을 내야 하니 한국 주식이 유리하다고 생각하는 바보가 있다. 그 바보는 양도세는 일단 벌고 나서의 문제라는 사실조차 모른다. 세금을 내더라도 벌어야 좋지, 벌지도 세금을 내지도 못하는 투자가 어떻게 좋을 수가 있을까?

내수 기업과 글로벌 기업은 국가에 대한 책임에도 차이가 있다. 예를 들어 삼성전자는 아직도 대졸 공채를 하며 대한민국에서 양질의 일자리를 창출하며 실업률을 낮춘다. 그러나 대부분 글로벌 기업은 자국 국민의 일자리 창출보다는 인건비가 싼 해외로 공장을 옮겨 생산성 향상을 도모한다.

글로벌 기업은 투자할 나라에 당당히 요구한다. 예를 들어 법인세율을 낮추고 각종 세제혜택을 주고 공장을 짓는 설비자금을 지원해 달라, 노동자의 인건비를 낮추고 규제를 완화하라, 이렇게 말이다. 그리고 요구가 받아들여지지 않으면 다른 나라로 공장을 옮기겠다고 협박한다. 이러한 요구를 받은 국가는 글로벌 기업이 창출하는 경제효과가 워낙 크기 때문에 그들의 요구를 들어줄 수밖에 없다.

이와 같은 글로벌 기업의 행태는 신자유주의에서 비롯되었다. 신자유주의의 핵심 원칙은 자유시장, 사회안전망 축소, 세계화다. 그러나 신자유주의는 중국이 세계 무역대국으로 크고 나서 크게 후퇴하는 중이다. 중국의 위협을 느낀 미국이 중국을 견제하며 이젠 다시 미소 냉전시대로 돌아가려 하고 있다.

미국의 전 대통령 트럼프는 재집권하면 중국에 관세 60%를 때린다고 했다. 바이든 대통령은 반도체 지원법과 IRA법을 만들어 미국에 투자하는 기업에 보조금을 몰아주고 있다. 미국의 의회와 행정부는 국가안보를 내세워 반도체 기술이 중국에 들어가지 못하도록 글로벌 기업에 규제를 가하고 있다. 지금까지 무소불위였던 글로벌 기업에 제약을 가하고 있는 것이다.

미국이 이렇게 할 수 있는 이유는, 미국이 기축통화국이자 세계 최강의 군사 대국이기 때문이다. 소위 슈퍼 파워를 가진 절대신이다.

중국을 봉쇄 고립시키고자 막대한 자금력으로 글로벌 기업을 불러들인다. 코로나 때 막대한 달러를 풀어 소비를 진작시켰고 그로 인해 세계적인 인플레이션을 일으켰다. 인플레이션 때문에 연준은 금리를 올렸고 세계는 고금리라는 고통에 빠졌다. 그러나 미국은 풀린 달러로 인해 소비가 늘었고 소비가 늘자 내수경기가 활성화 되었다. 내수경기가 올라오자 완전고용에 가깝게 실업률이 떨어졌다.

미국의 글로벌 기업뿐 아니라 한국, 대만 심지어 중국의 글로벌 기업까지 여기저기 공장을 지어대고 고용을 하니 고용율이 올라갈 수밖에 없다. 이러한 영향으로 미국의 물가는 떨어지지 않는다. 미국이 경기침체에 빠지지 않는다면 연준은 고금리를 유지할 것으로 보인다. 그러나 미국이 고금리를 고수하면 세계 대부분의 국가들은 부동산과 같은 부채가 많은 자산 부문에서 부실이 쌓일 수밖에 없다.

한 마디로 미국 빼고 전세계가 다 좋지 않다. 중국은 디플레이션에 빠졌고 중국 비중이 높은 한국과 독일은 경기가 좋지 않다.

⭐ 결론

지금까지 글로벌 기업의 신자유주의 시대였다면 앞으로는 미국 주도의 신냉전 시대가 펼쳐질 것이다. 미국은 세계화를 끝내고 미국 우선주의로 갈 수 있다. 미국만 이득이 된다면 자본으로 글로벌 기업을 미국에 끌어들이고 고용을 높이고 소비를 진작할 것이다. 한 마디로 미국만 좋고 다른 나라는 안 좋다는 얘기다.

　미국은 전쟁을 이기기 위해 자신의 자본을 최대한 유리하게 이용할 것이다. 미국은 높은 물가를 유지해 디플레이션에 빠진 중국을 무너뜨릴 것이다. 따라서 앞으로 미국의 글로벌 기업에 투자하는 것만이 살 길이다.

41장

왜 지금 우리가
AI에 투자해야 하는가?

국가총부채 6000조 넘을 듯... 韓, '빚 다이어트' 나홀로 역주행

가계와 기업, 정부 부채를 모두 더한 우리나라의 총부채 규모가 올해 6월 말

기준 약 5957조원으로 불어났다. 국내총생산(GDP)의 2.7배를 넘어선 규모다.

국가 총부채 규모는 올해 6000조원을 넘어설 것이 확실시된다.

21일 국제결제은행(BIS) 집계에 따르면 한국의 6월 말 원화 기준 가계·기

업·정부의 부채는 5956조9572억원에 달한 것으로 집계됐다. 가계 부채가

2218조3581억원, 기업 부채는 2703조3842억원, 정부 부채는 1035조2149억

원 등으로 각각 나타났다.

이 같은 나라의 전체 빚 규모는 GDP의 273.1%로 경제협력개발기구(OECD)

회원국 중 8위 수준으로 뛰어올랐다.

순위도 역대 최고지만, GDP 대비 총부채 비율이 높아진 나라가 OECD 회원

국 중 한국뿐이라는 점이 문제다. 다른 나라들은 코로나 팬데믹으로 돈 풀기

가 한창이던 2021년을 정점으로 경제 규모 대비 빚의 크기가 점차 줄었지만,

한국만 역행하고 있다.

_2023년 12월 22일자 조선일보

가계, 기업, 국가 부채를 모두 포함한 총부채 부문에서 한국은 무려 8위다. GDP 대비 국가 총부채율은 1위 일본, 2위 룩셈부르크, 3위 프랑스, 4위 캐나다, 5위 중국, 6위 스위스이며, 미국은 의외로 11위 이다. 오래 전부터 일본의 국가부채가 많다는 사실은 알고 있었다. 조사해 보니 정말 일본이 414%로 압도적 1위다. 이처럼 빚이 많은 국가에 선진국들이 포진하고 있는 이유는 무엇일까?

생산성 하락

한국의 총부채 비율이 미국보다 높은 이유는 가계부채 때문이다. 선 진국이 될수록 임금은 높아지고 그에 비례해 생산성은 떨어진다. 생산성이 떨어지면 국가는 인위적으로라도 GDP를 올려야 한다. 대표적으로 투자를 증가시키는 방법을 쓰는데, 투자에는 돈이 있어야 한다. 미국과 일본은 주로 국채를 발행하여 필요한 돈을 확보했다. 기축통화국이기에 가능한 방법이다. 돈을 찍어내도 안전자산이기에

인플레이션이 크게 일어나지 않는다.

그러나 한국은 이 나라들과 입장이 다르다. 미국이나 일본처럼 돈을 찍었다가는 국가부채가 크게 늘어나면서 신용등급 하락을 피할 수 없다. 이로써 한국 국채는 쓰레기가 되고 외국인들의 원화 탈출 러시가 일어난다.

외국인들은 신용등급 하향이 발생하면 곧바로 주식, 회사채, 국채 등을 모조리 팔고 탈출해 버린다. 결국 주가와 채권이 폭락하면서 기업이 도산하고, 개미 투자자들은 아바규환에 빠지고 만다. 여기서 끝이 아니다. 달러 부족이 계속되면서 결국 IMF를 맞게 된다. 우리나라도 제2의 IMF를 맞을 수 있다는 의미다. 그러니 마음은 굴뚝같아도 한국은 국채 발행을 통해 생산성을 올릴 수 없다.

결국 생산성 향상을 위해 우리가 선택할 수 있는 길은 개인의 부채를 늘려 GDP를 올리는 것이다. 예를 들어 정부는 가장 쉬운 방법으로, 부동산 경기를 살려 개인의 빚을 증가시킨다. 다주택자 양도세 완화, DTI, LTV 비율 증가, 전세자금대출 증가 등 할 수 있는 방법은 많다.

현 정부뿐 아니라 지난 정부까지 이렇게 가계부채를 늘려 떨어진 생산성을 늘려왔다. 그러다 보니 우리의 예상과 달리 가계부채에 있어서 우리나라가 미국을 압도하는 것이다. 사실 우리의 가계부채는 어마어마하다는 말밖에 달리 표현할 방법이 없다. 만약 고금리 등으로 프로젝트 파이낸싱이 한 곳 터진다면 한국은 또 다시 IMF를 당하거나 일본의 잃어버린 30년을 답습할 수도 있다. 한국의 가계부채는 그만큼 심각하다.

저출산과 고령화

프랑스, 한국뿐 아니라 대부분의 선진국은 구조적으로 빚이 늘어나게 되어 있다. 연금부실로 인한 정부의 재정부담 때문이다. 의학의 발달로 오래 사는 데 그에 비해 걷히는 연금은 적고 퍼줄 곳은 지천이다.

적게 걷고 많이 주는 이유는 연금설계가 오래 전에 되었기 때문이다. 과거에는 60세만 살아도 오래 살았다며 잔치를 벌였다. 그러나 지금은 평균수명이 거의 80세다. 무려 20년 이상의 갭이 생기면서 연금 고갈을 부추겼다.

프랑스는 연금을 개혁하려고 했으나 국민들의 저항에 부딪쳐 결국 좌절되었다. 그러니 국채를 찍어 연금을 줄 수밖에 없다. 게다가 앞으로도 포퓰리즘 성격을 띤 정치인이 당선될 수밖에 없다. 연금을 개혁하겠다는 정당은 만년 야당으로 남을 것이고 지금처럼 연금을 주겠다고 해야 여당의 지위를 빼앗기지 않을 것이다.

나이가 들면 오직 연금에 기대어 살 수밖에 없다. 물이 들어오는 파이프라인이 하나인데, 막거나 줄이겠다고 하면 어느 누가 좋아하겠는가. 따라서 연금개혁은 앞으로도 쉽지 않다.

기업의 투자 감소

저출산과 고령화의 지속은 필연적으로 저성장을 촉발한다. 기업들이 투자를 하지 않기 때문이다. 노인의 덕목은 저축이지 소비가 아니다. 이에 따라 정부의 수입도 줄어든다. 지출은 늘어나는데 세수는 줄어드니 구조적으로 빚이 늘어날 수밖에 없다.

정부가 국채를 발행하면 중앙은행이 이 국채를 사주면서 시장에 유동성을 공급한다. 미국의 중앙은행인 연준의 자산은 코로나 때 4조 5천억 달러의 국채를 사주면서 무려 9조 달러가 되었다. 그러나 연준은 이런 시장의 유동성을 흡수할 수 없다. 시장의 유동성을 함부로 흡수했다가 지역은행 등이 망하면 은행 시스템 위기가 오기 때문이다. 결국 앞으로도 돈은 시장에 넘쳐흐르게 되어있다.

이렇게 풀린 돈은 새로운 부가가치를 만드는 데 들어가야 한다. 그래서 성장주가 오른다. 성장주 중에서도 생산성을 올릴 수 있는 곳으로 돈이 가야 한다. 그렇지 않으면 버블이 생긴다. 예를 들어 생산성이 없는 주택시장에 돈이 몰리면 2008년 미국의 금융위기, 1990년 일본의 버블경제처럼 경제시스템의 붕괴를 피할 길이 없다. 확정적으로 추락한다는 의미다.

따라서 우리의 베팅은 부동산보다는 주식이어야 한다. 현재는 생성형 AI와 같은 생산성을 높이는 분야가 유망해 보인다.

⭐ 결론

돈은 꾸준히 풀릴 것이고 풀린 돈은 주식시장으로 들어갈 것이다. 우리는 많이 오르는 곳에 몸을 의탁해야 한다. 많이 오르는 곳은 시장이 주가로 알려줄 것이다. 떨어졌다고 싸게 살 것이 아니라 미래가치로 보면 오히려 오르는 것이 싼 것일 수 있다. 주가가 싼 이유는 미래가치가 없기 때문이고, 비싼 이유는 미래가치가 높기 때문이다. 달리는 말 위에 올라타라는 말을 기억하기 바란다.

반복되는 위기에서 기회 잡는 법

42장

AI는 세상을 어디까지 바꿀 것인가? 그리고 AI 미래를 이끌 기업은?

엔비디아의 질주가 무섭다. 앞으로 세계 시총 1등을 위협할 정도로 더 성장할까? 엔비디아가 주도하는 인공지능(AI) 테마는 2023년에 시작되어 미국 증시를 휩쓸고 있다. 많이 오른 건 사실이지만 인공지능 테마는 시작 후 1년밖에 지나지 않았다. 최소한 2~3년은 갈 테마이므로 아직도 시작인 것은 맞다. 인공지능 테마가 닷컴버블과 같은 버블을 일으킬 수도 있어 보인다.

그러나 앞으로도 엔비디아가 인공지능 주도주로 갈지는 의문이다. 왜냐하면 마이크로소프트와 같은 엔비디아의 최대 고객사가 엔비디아에 대한 의존도를 낮추기 위해 네트워킹 카드를 스스로 개발 중이기 때문이다.

오픈AI "MS · 애플 시총 합친 9천조원 모금 추진"

샘 알트먼 오픈AI 최고경영자(CEO)가 AI 반도체 생산을 위해 모금하려는 액수가 우리나라 돈으로 6500조원(5조 달러)에서 9100조원(7조달러)에 달하는 막대한 규모인 것으로 알려졌다. 세계 시총 1,2위를 다투는 미국 마이크로소프트와 애플의 시가총액을 합친(약 6조달러) 규모다.

_2024년 2월 9일자 ZDNET Korea

오픈AI의 CEO인 샘 알트먼이 7조 달러에 달하는 막대한 돈을 모금한다는 뉴스가 있었다. 이 돈은 엔비디아의 칩에 대항해 '티그리스'라는 코드명의 AI칩 생산을 위한 자금이다. 엔비디아의 고성능 칩에 대항해 고객사들이 AI칩을 생산하려는 이유는 무엇일까? 엔비디아의 H100과 같은 칩의 가격이 천정부지로 뛰고 있기 때문이다.

생성AI 돌풍으로 'H100' 가격 폭등...대당 최대 6000만원 호가

14일(현지시간)자 CNBC 보도에 따르면 이베이에서 판매되는 H100 가격이 지난해까지만 해도 3만6000달러(약 4700만원)였으나 최근 최고 4만6000달러(약 6000만원)까지 치솟았다. 몇개월 사이에 1만달러(약 1300만원) 가량 상승한 것이다.

_2023년 4월 17일자 AI타임스

시장에서는 엔비디아의 고성능 AI칩인 H100의 가격이 4700만 원에서 6000만 원까지 올랐고 그나마 이것도 주문하면 1년 후에나 받을 수 있다고 한다. 엔비디아에만 의존할 경우 2가지 어려움(높은 가격과 느린 수급)을 겪어야 한다는 이야기다.

"헐리우드의 종말"…오픈AI '소라'에 폭발적 반응

이번에는 '헐리우드의 종말'이라는 말이 나왔다. 오픈AI가 내놓은 동영상 생성 인공지능(AI) '소라(Sora)'에 대한 반응이 폭발적이다. 지난 15일 소라가 공개되자 커뮤니티와 전문 매체에서는 난리가 났다. 뛰어난 퀄리티로 인해 관련 업계는 물론 영상 제작자들까지 일자리를 잃을 위기에 처했다는 반응이다.

_2024년 2월 9일자 AI타임스

오픈AI에서 동영상 생성형 인공지능 '소라'를 발표했다. 이미 4K비디오를 출력할 수 있고 성능이 매우 좋다. 텍스트를 쳐서 퀄리티 높은 그림을 만들어내는 '미드저니'와 같은 프로그램은 있었다. 그러나 4K비디오 수준의 동영상 프로그램은 없었다. 그런데 소라가 이것을 해낸 것이다. 만약 소라와 같은 프로그램이 세상에 나온다면 1인 미디어 시대가 활짝 열릴 것이다.

그런데 문제는 인공지능 학습이다. 챗GPT와 같은 텍스트 기반의 생성형 AI를 학습하는 데도 엄청난 GPU가 들어갔는데 앞으로 그림을 넘어 동영상까지 학습을 한다면 얼마나 많은 GPU가 들어갈 것인가? 그래서 오픈AI와 마이크로소프트에서는 엔비이아의 H100과 같은 AI칩이 가격도 높고 수급도 늦어 문제가 된다고 생각한 것이다. 이에 따라 직접 칩개발에 나섰다고 볼 수 있다.

그러나 직접적인 AI칩 개발이 이번이 처음은 아니다. 구글은 이미 AI 구동을 위해 TPU 시리즈를 개발했고 메타도 2023년 5월 MTIA라는 자체 칩 설계를 했다. 테슬라도 자사 전기차에 최적화된 HW4.0칩을 개발했다.

이렇게 빅테크 기업들이 자체 칩을 개발하는 이유는 엔비디아의 AI칩이 범용칩이기 때문이다. 엔비디아의 H100과 A100은 범용칩이기 때문에 소위 'AI 서비스 최적화'가 안 된다. AI 가속기는 데이터 학습과 추론에 쓰인다. 그러나 추론에 있어서 엔비디아 칩은 자신의 AI 모델 성능에 맞춰 세세하게 구현하는 데 한계가 있다. 그래서 저마다 AI칩을 개발하고 있는 것이다.

만약 빅테크가 서로 자체 칩을 개발한다면 어떻게 될까? 엔비디아도 인텔처럼 어려움에 빠질 수 있다.

애플, 全제품에 자체칩…인텔 맥 지원 종료 수순 밟나

애플이 맥 컴퓨터 칩을 인텔에서 자체 개발한 애플실리콘으로 전환함에 따라 인텔 기반 맥에 대한 지원이 내년쯤 중단될 수 있다는 관측이 제기됐다. 8일

(현지시간) 나인투파이브맥은 애플이 맥OS가 인텔 맥 지원을 중단하는 데 오래 걸리지 않을 것이라고 보도했다. 과거 파워PC에서 인텔로 프로세서를 전환할 당시 애플은 인텔 맥을 도입한 후 3년 동안 파워PC 맥을 지원하고 이후엔 지원을 중단했다.

지금도 비슷한 상황이다. 애플은 지난 2020년 애플실리콘을 처음 공개하면서 향후 2년 내에 인텔 프로세서가 탑재된 매킨토시를 모두 애플실리콘으로 전환하겠다고 밝혔다.

_2023년 6월 9일자 ZDNET Korea

애플은 맥OS용 자체 칩인 M2를 개발했다. 그리고 범용칩인 인텔의 CPU를 M2로 대체했다. 이유는 인텔 CPU 기반의 맥북보다 M2 기반의 맥북이 무려 12배나 빠르기 때문이다. 결국 엔비디아는 최대 고객인 오픈AI, 마이크로소프트가 자체 AI칩을 개발하는 순간 매출이 순식간에 떨어지며 인텔과 같이 될 수 있다는 얘기다.

그렇다면 앞으로 AI 빅테크가 자체 칩을 개발해도 대박이 날 기업은 어디일까? TSMC가 아닐까 생각한다. 자체 칩을 개발하는 빅테크 기업은 마이크로소프트, 메타, 아마존, 구글, 테슬라, 애플, AMD, 퀄컴 등이다. 모두 펩리스 회사라는 공통점이 있다. 펩리스란 공장이 없다는 뜻으로 반도체의 설계 및 기술개발은 하되 생산은 100% 파운드리에 맡기는 방식이다.

빅테크가 엔비디아를 대체해 자체 칩을 개발하건 안 하건 앞으로 엄청난 물량의 AI칩이 필요하다. 이 사실은 바뀌지 않는다. 이 물량을 소화해낼 파운드리 기업 입장에서는 큰 호재가 아닐 수 없다. 파운드리 기업 중 가장 뛰어난 기술력을 가진 기업은 인텔, 삼성전자, TSMC 등이다.

이 중 결국 TSMC가 최종 승자가 되지 않을까 생각한다. 인텔은 기술력에서 떨어지고 삼성전자의 파운드리는 애플의 딜레마처럼 경쟁사에게 도면을 넘길 수 없다는 단점이 있다. 삼성전자는 왜 파운드리를 분사하지 않을까? 이유는 아직 삼성전자의 파운드리 사업부가 돈을 벌지 못하기 때문이다. 따라서 파운드리 사업부가 돈을 벌 때까지 삼성전자의 자금 지원을 받아야 한다. 그러나 이러한 이유 때문에 빅테크 기업은 삼성전자 파운드리에 도면을 넘기지 않는다.

그런 면에서 좋은 기술력을 가지고 고객과 경쟁하지도 않는 TSMC가 앞으로 엄청난 양의 AI칩 생산을 맡을 수 있다. 이미 TSMC는 세계 시총 23위인 삼성전자를 제치고 시총 10위에 올라 있다. TSMC의 시총이 괜히 삼성전자보다 높은 게 아니다.

자 그렇다면 TSMC를 AI시대에 가장 유망한 기업으로 꼽을 수 있을 것인가? 그렇게 보이지는 않는다. 누가 뭐래도 현재 세계 시총 1등 기업인 마이크로소프트가 가장 유리하다고 생각한다. 생성형 AI에서 가장 앞선 기술력을 가진 오픈AI의 지분 49%를 마이크로소프

반복되는 상승과 하락 사이에서 **지속적으로 기회 잡는 법**

트가 갖고 있기 때문이다.

⭐ 결론

엔비디아와 TSMC처럼 AI칩의 설계나 생산은 어려운 일이지만 누구도 넘볼 수 없는 해자를 가졌다고 볼 수는 없다. 독보적인 기업은 항상 원천기술을 갖고 있고 그것으로 자신만의 생태계를 만든다. 마치 iOS의 생태계를 가진 애플처럼 말이다. 워렌 버핏이 좋아하는 C to C기업이다. 그런 면에서 AI의 주도권을 잡을 기업은 현재 시총 1등 기업인 마이크로소프트로 예상해 볼 수 있다. 결국 세계 시총 1등 기업이 가장 혁신적이고 유망한 기업이다.

반복되는 상승과 하락 사이에서
지속적으로 기회 잡는 법
2권_인생반전 및 자동부자편

1판 1쇄 발행 2024년 05월 10일
1판 3쇄 발행 2024년 05월 20일

지은이 조던 김장섭
펴낸이 박현
펴낸곳 트러스트북스
등록번호 제2014 - 000225호
등록일자 2013년 12월 3일
주소 서울시 마포구 성미산로1길 5 백옥빌딩 202호
전화 (02) 322 - 3409
팩스 (02) 6933 - 6505
이메일 trustbooks@naver.com

값 19,800원
ISBN 979-11-92218-77-9 03320 (2권)